Freude am Glauben

Heriburg Laarmann

Freude am Glauben

Kinder- und Familien-
Gottesdienste im Kirchenjahr

Matthias-Grünewald-Verlag · Mainz

CIP-Kurztitelaufnahme der Deutschen Bibliothek

Laarmann, Heriburg:
Freude am Glauben : Kinder- u. Familiengottesdienste im Kirchenjahr / Heriburg Laarmann. –
Mainz : Matthias-Grünewald-Verlag, 1981.
ISBN 3-7867-0891-6
2. Auflage 1989

Satz: Teamsatz Spengel & Tibbe, Gauting
Druck: Wagner GmbH, Nördlingen

Inhalt

Vorwort

Immer wieder habe ich erfahren, daß alle, die Kinder- und Familiengottesdienste vorbereiten, auf der Suche sind nach Anregungen und brauchbaren Mitteln, nach Gottesdienstmodellen, die ganz oder teilweise übernommen werden können. Aus zeitlichen Gründen ist es vielen Pfarrern und Liturgiekreisen nicht möglich, immer wieder neue Gottesdienstentwürfe zu erarbeiten.
In unserer Gemeinde wird seit vielen Jahren jeden Sonntag ein eigens gestalteter Kinder- und Familiengottesdienst gefeiert. Mit Kommunion-, Buß- und Firmgruppen, mit Klassen der Grund- und Hauptschule oder manchmal auch alleine habe ich Kinder- und Familiengottesdienste vorbereitet. Bei der Vorbereitung und Durchführung der Gottesdienste haben mir viele Kinder und Eltern gerne geholfen.
Im Gottesdienst sollen Kinder und Erwachsene hingeführt werden, froh aus dem Glauben zu leben, in Jesus Christus den Sinn ihres Lebens zu erfahren und einen Zugang zum Geheimnis der Eucharistie zu finden. Da wir uns gegenseitig im Glauben stützen, tragen und bereichern, geht es dabei immer auch um eine Bindung an die christliche Gemeinde, die nicht nur als Forderung, sondern auch und vor allem als sinnvolle Hilfe erfahren werden soll.
Mit dem vorliegenden Buch möchte ich der Bitte entsprechen, unsere Gottesdienstentwürfe einem größeren Leserkreis zugänglich zu machen. Die Vorlagen wollen vor allem Anregungen bieten, sie müssen nicht sklavisch übernommen werden, sondern lassen sich der Situation entsprechend kürzen oder ändern. Bei allen Bemühungen um eine kindgerechte Sprache und Verkündigung dürfen die vielen Erwachsenen im Gottesdienst nicht übersehen werden. Auch sie brauchen Hilfen für ihren Glauben und für das religiöse Gespräch mit den Kindern. In den Entwürfen habe ich mich darum bemüht, die Erfahrungen des Kindes mit der Frohen Botschaft in Verbindung zu bringen, die Erwachsenen anzusprechen und ihnen etwas mitzugeben.
Auf Liedvorschläge wurde verzichtet, da das Liedgut in den einzelnen Diözesen und Gemeinden sehr unterschiedlich ist.

Ich würde mich freuen, wenn diese erprobten Gottesdienstmodelle für viele zu einer echten Hilfe würden.

Danken möchte ich Prof. Pater Alexander Gerken OFM, Münster, für die Durchsicht des Manuskriptes und für seine Hinweise zur Korrektur.

Schwester Heriburg Laarmann

Seid wachsam!

Einführung

Erwachsene sagen oft, daß die Advents- und Weihnachtszeit nur mit Kindern richtig Freude macht. Kinder leben ja noch in der Erwartung, in der Hoffnung, im Advent.

Hören wir dazu eine Geschichte:

Lektor: Sascha verkündete laut mit hoch erhobenen Armen:

Sascha: Eines Tages werde ich etwas Großes werden!

Mutter: Einen Meter fünfundneunzig? Ja, das kann schon sein.

Sascha: Doch nicht so! Ich werde großartige Dinge tun. Ich spüre es in mir ganz deutlich.

Mutter: Was denn zum Beispiel?

Sascha: Das ist es ja, ich weiß es noch nicht. Es liegt noch im Dunkel, in der Zukunft. Einmal aber kommt es. Ich warte darauf.

Mutter: Dein Sohn wird später großartige Dinge tun!

Vater: Prima! Das erwarte ich auch von ihm. Sascha, du könntest gleich damit beginnen und dein Zimmer großartig aufräumen.

Sascha: Ihr versteht mich nicht! Es ist mir ganz ernst gemeint. Ich werde wirklich großartige Dinge tun. Vielleicht werde ich Wasser in die Wüste legen, alle Kranken gesund machen, den Hungernden Essen geben oder ... Ich weiß es noch nicht. Ich bin ja auch noch zu klein.

Vater: Ich weiß was, du pflanzt einen Baum.

Sascha: Und dann?

Vater: Du pflanzt ihn, du gibst ihm Wasser und paßt gut auf ihn auf. Der Baum wächst mit dir zusammen Stück für Stück. Einmal seid ihr beide groß. Du sitzt dann in seinem Schatten und denkst dir aus, was du Großartiges tun wirst.

Sascha: Das ist toll! Woher kriegen wir den Baum?

Lektor: Vater und Sohn holten einen Baum. Im Garten suchten sie den richtigen Platz und setzten behutsam den winzigen Baum in ein kleines Loch. Sascha krümelte mit beiden Händen Erde über die Wurzeln und drückte sie fest. Dann holte er die Gießkanne und gab seinem Baum Wasser. Danach setzte er sich ins Gras und sagte zu seinem Bäumchen:

Sascha: Wir werden wachsen und groß werden. Später werde ich großartige Dinge tun. Immer werde ich zu dir kommen und dir alles erzählen. Wenn du groß bist, werden bunte Vögel bei dir wohnen. Du wirst großartig dastehen, Schatten und Freude schenken. Und ich werde einmal großartige Dinge tun. Ich werde die Welt verändern, sie heil und gut machen.[1]

Priester:
Das ist die frohe Erwartung eines Kindes. Es gehört zum Wesen des Menschen, von sich selbst und von der Zukunft etwas zu erwarten und zu erhoffen. Jeder hat den Wunsch und den Auftrag, die Welt heil und gut zu machen. Wir Christen sollten Menschen der Hoffnung sein. Jesus Christus hat uns die Hoffnung auf eine neue Welt, auf eine bessere Zukunft geschenkt. Wenn wir uns mit ihm dafür einsetzen, dann dürfen wir viel von der Zukunft erwarten, denn Gott hat uns Großartiges versprochen. Sascha dachte nur an das Großartige, was kommen mußte. Er vergaß aber, daß er jetzt schon mit den großartigen Dingen beginnen mußte: zu Hause, in der Schule, beim Spiel. Dort, wo er lebte, konnte er ja schon helfen, die Welt heil und gut zu machen.

Gebet
Gott, wir feiern Advent. Wir warten auf etwas Wunderbares, Großartiges, Herrliches. Es genügt uns nicht, daß du damals gekommen bist. Wir warten heute auf dich. Gib uns offene Augen für dein Kommen heute. In deinem Wort und im eucharistischen Brot kommst du zu uns. Wenn wir uns in deinem Namen versammeln, dann bist du mitten unter uns. Wenn wir einander helfen und lieben, dann bist du da. Gott, komm zu uns und hilf uns, so zu leben, wie Jesus es getan hat. Amen.

Lektor:
Jesus verkündet seine Frohe Botschaft in der traumhaft schönen und fruchtbaren Ebene am See Genesaret. Die Menschen, die hier leben, sind reich. Sie haben genügend Nahrung. Trotz des materiellen Wohlstandes fühlen sich viele innerlich arm und leer. Sie haben keine Hoffnung, kein Ziel, für das es sich zu leben lohnt. Jeder denkt nur an sich. Niemand gönnt dem anderen etwas. Keiner hilft den Schwachen und Notleidenden. Freundschaft gibt es kaum, weil Vertrauen und Frieden fehlen. Die Menschen erwarten nichts Schönes, nichts Großartiges von der Zukunft.
Jesus hat Mitleid mit diesen oberflächlich dahinlebenden Menschen. Er muß in ihnen die Sehnsucht wecken nach dem Neuen, das bevorsteht. Sie dürfen den springenden Punkt, den entscheidenden Zeitpunkt, nicht verpassen, darum ruft er ihnen zu:

1 Nach Gina Ruck-Pauguet, Der Baum, in: Dietrich Steinwede / Sabine Ruprecht (Hg.), Vorlesebuch Religion Bd. 1, Lahr/Göttingen/Einsiedeln/Zürich 1972, 180—183.

Priester: Seid wach und bereit, denn ihr wißt nicht, wann der Herr kommt. Seid wachsam und bereit, damit er nicht, wenn er unvermutet kommt, euch schlafend findet. Wacht auf! Werdet wach! (nach Mk 13,33.36)

1. Kind: Hör doch auf mit deinem Rufen. Du störst uns. Wir haben ein herrliches Land, genügend Nahrung und guten Wein. Mehr wollen wir gar nicht.

2. Kind: Du bist satt und träge. Du hast die Hoffnung auf eine bessere Zukunft in unserem fruchtbaren Land begraben. Ich bin froh, daß Jesus uns eine neue Zukunft verheißt. Gott will kommen, um sein Reich der Liebe und des Friedens unter uns aufzurichten. Das ist es doch, wonach wir uns alle sehnen und was uns die Propheten schon lange angekündigt haben.

1. Kind: Seit fast zweitausend Jahren hat man das den Menschen gesagt, und geändert hat sich nichts. Was sollen wir warten und tatenlos in die Zukunft starren! Jetzt wollen wir das Leben genießen!

Priester: Das, worauf ihr seit langer Zeit wartet, beginnt jetzt. Gott kommt! Sein Reich beginnt. Es ist Advent — Ankunft des Herrn. Wacht, damit euch der Herr nicht schlafend antrifft!

1. Kind: Sei still! Laß uns in Ruhe! Jeder ist seines Glückes Schmied. Es ist doch unsinnig, das Heil von der Zukunft, von Gott zu erwarten. „Selbst ist der Mann!" Ich bin klug und mache selbst etwas aus meinem Leben.

2. Kind: Was willst du denn schon Großartiges aus deinem Leben machen? Das große Glück und den Sinn des Lebens hast du noch nicht entdeckt.

1. Kind: Sinn des Lebens? Welchen Sinn soll unser Leben schon haben?

2. Kind: Jesus zeigt uns den Sinn des Lebens. Er gibt uns Hoffnung, daß Gott kommt und alles heil und gut macht. Wenn Gottes Reich beginnt, das Reich des Friedens und der Freude, das Reich der Liebe und Barmherzigkeit, dann werden wir ein Land haben, in dem es sich zu leben lohnt.

1. Kind: Ich habe meine Träume von einer besseren Zukunft lange begraben. Nur Kinder können noch träumen von einer heilen Welt, von einer großartigen Zukunft.

2. Kind: Höre auf den Ruf Jesu! Sei wach und bereit! In Jesus ist Gott zu uns gekommen. Durch ihn zeigt er uns den Weg in eine neue Zukunft.

1. Kind: Wachen! Bereit sein! Was heißt das? Was soll ich tun?

2. Kind: Du darfst nicht mehr so oberflächlich dahinleben, sonst verpaßt du das Kommen Gottes. Sei wach, damit du nicht übersiehst, wo und wann Gott in deinem Leben ankommt. Sei wach! Du kannst sein Kommen schon sehen in den winzigen Spuren auf den Gesichtern

der Armen, wenn ihnen geholfen wird, im Aufatmen der Bedrückten, wenn ihnen jemand die Last abnimmt, im Lächeln der Weinenden, wenn sie Trost erfahren, im Hoffnungsschimmer auf den Gesichtern der Mutlosen und Verzweifelten, in der Freude der Kinder, wenn sie sich geliebt und beschenkt wissen, im Glück der Menschen, die Vergebung und Frieden erfahren.

1. Kind: Du sagst, daß ich Gott erfahren kann, wenn ich mich um die Not der anderen kümmere?

2. Kind: Ja, Gott kommt, um zu helfen, zu retten, zu befreien, um uns froh und glücklich zu machen. Durch Jesus hat er es uns gezeigt. Immer, wenn Menschen so handeln wie Jesus, können wir Gott erfahren. Wo Menschen leben und handeln wie Jesus, da ist Advent, Ankunft des Herrn.

Priester: Gott kann nur da ankommen, wo wir ihn einlassen. Darum müssen wir wach und bereit sein. Gott kommt überall da an, wo wir nach dem Beispiel Jesu gut zueinander sind. Wo Liebe, Frieden und Freude ist, da ist Gott, da ist er angekommen. Gott ist immer unterwegs zu uns. Er will bei uns ankommen, bis er einmal kommt in großer Macht und Herrlichkeit, um sein Reich für immer unter uns aufzurichten. Darum: Seid wach und bereit! Es ist Advent — Ankunft des Herrn!

Fürbitten

Priester: Gott, wir erhoffen alles Mögliche von unserm Leben und von unserer Zukunft. Wir erwarten aber viel zu wenig dein Kommen. Wir bitten dich:

3. Kind: Viele Menschen denken nur an sich. Sie gehen achtlos am Nächsten vorüber. Herr, öffne uns die Augen, daß wir die Not der anderen sehen und ihnen helfen.

Alle: Dein Reich komme!

4. Kind: Viele Menschen streiten sich. Sie behaupten ihr Recht und sagen: „Wie du mir — so ich dir!"
Herr, mache uns bereit, Frieden zu stiften, zu verzeihen und zu vergessen.

Alle: Dein Reich komme!

5. Kind: Viele Menschen sind mutlos, einsam und traurig. Sie haben Angst und wissen nicht mehr weiter.
Herr, öffne uns Herz und Hände, mache uns bereit, ihren Zustand zu ändern und ihnen Freude und Hoffnung zu schenken.

Alle: Dein Reich komme!

Priester: Ja, Gott, dein Reich komme! Mache uns bereit für dein Kommen, damit wir immer mit dir in Freude leben können. Amen.

Gabengebet
Herr, wir hoffen auf dein Wort und handeln, wie du es uns aufgetragen hast. Brot und Wein haben wir bereitet; denn unter diesen Zeichen willst du bei uns ankommen als Hoffnung für unser Leben. Mache uns wach und bereit für dein Kommen. Amen.

Präfation
Es ist gut und richtig, es bringt uns Glück und Segen, wenn wir dir dankbar sind, weil du uns immer und überall nahe bist durch Jesus, deinen Sohn.
Wir danken dir, daß er Mensch geworden ist,
um uns deine Nähe und Liebe zu offenbaren.
Er hat uns den Sinn des Lebens gezeigt und
uns Hoffnung geschenkt auf eine neue Zukunft.
Mit allen Engeln und Heiligen loben wir dich und bekennen:
Heilig, heilig, heilig ...

Einladung zur Kommunion
Manchmal träumen wir von einem Brot, das alle Menschen satt macht. Manchmal träumen wir von einem Wein, der uns alle belebt und froh macht. Manchmal träumen wir von einem großartigen Leben, das nicht auf Kosten anderer gelebt wird, sondern das sich verschenkt, um anderen Hoffnung und Kraft, Frieden und Leben zu geben.
Seht, in diesem Brot und in diesem Wein verschenkt sich Jesus Christus an uns. Er ist unsere Hoffnung und unsere Kraft. Er ist unser Friede und unser Leben.

Schlußgebet
Gott, du bist immer unterwegs zu uns. Du willst bei uns und durch uns ankommen in dieser Welt. Wo du ankommst, da beginnt dein Reich. Hilf, daß wir uns deinem Kommen öffnen. Dann wirst du für immer bei uns wohnen, und wir brauchen keine Angst mehr zu haben. Wo dein Reich ist, da ist Frieden und Glück. Kinder, die in Not sind, lachen wieder. Niemand ist krank und hungrig. In deinem Reich ist alles gut und heil. Dein Reich komme! Darum bitten wir durch Jesus Christus, unsern Herrn.
Amen.

Kehrt um!

Vorzubereiten:
Bilder „Johannes der Täufer", Farbholzschnitt zur Bibel von Thomas Zacharias (Kösel, München), Block Nr. 12 oder Dia Nr. 12 aus: „Dia-Serie Farbholzschnitte zur Bibel" von Thomas Zacharias (Kösel, München).

Begrüßung

Zum heutigen Gottesdienst am 2. Adventssonntag begrüße ich alle Eltern und Kinder ganz herzlich. Wir beginnen im Namen des Vaters ...
Advent heißt Ankunft. Der Herr will kommen. Er will bei uns ankommen. Erwarten wir ihn überhaupt?

Einführung

1. Kind: Wir warten. Auf wen warten wir?
2. Kind: Wir warten auf einen Menschen, der ein Ohr für uns hat.
3. Kind: Wir warten auf einen, der ein Auge für uns hat.
1. Kind: Wir warten auf einen, der ein Herz für uns hat.
2. Kind: Wir warten auf einen, der ein gutes Wort für uns hat.
3. Kind: Wir warten auf einen, der unser Leben hell und froh macht.
1. Kind: Wir warten auf einen, der uns den Weg zu einem sinnvollen Leben zeigt.
2. Kind: Wir warten auf einen, der uns neues Leben gibt.
3. Kind: Wir warten auf Jesus Christus.[2]

Gebet

Gott, wir feiern Advent. Jedes Jahr bereiten wir ein großes Fest vor, bei dem du fast nicht mehr vorkommst. Laß uns umkehren und verstehen, was Advent wirklich ist. Laß uns nicht vergessen, daß du zu uns kommen willst. Auch jetzt in dieser Stunde kommst du zu uns. Du willst immer bei uns ankommen: in der Familie, in der Schule, beim Gebet, bei der Arbeit und beim Spiel. Komm zu uns. Wir warten auf dich! Amen.

2 Nach Wilhelm Willms, Roter Faden Glück, Kevelaer 1974, 9,1.

Bildbetrachtung und Evangelium

Lektor:
Oft verstehen wir etwas viel besser, wenn wir sehen, was uns erzählt wird. Dieses Bild zeigt, was Johannes der Täufer sagte und tat. Schaut euch das Bild ruhig an!

Priester:
Kaiser Tiberius regiert schon seit vielen Jahren in Rom. Da hört Johannes das Wort des Herrn. Johannes ist in der Wüste. Die Wüste ist heiß, trocken und unfruchtbar. Die Wüste ist eintönig und still. Johannes ist allein. Er hat sich zurückgezogen, um über Gott und die Menschen nachzudenken. Er weiß, daß die Menschen hilflos und ohne Hoffnung sind, daß sie Gott, das Ziel ihres Lebens, aus dem Auge verloren haben. Johannes fastet und betet. Er wartet auf Gott. Er weiß: Gott wird kommen und retten. Durch ihn wird alles heil und gut. Johannes wartet und betet. Da geschieht es: Gott ruft Johannes.

Lektor:
Auf dem Bild sehen wir, wie Johannes seitlich auftaucht. Er kommt links aus einem dunklen Streifen von verdorrtem Gestrüpp. Im Mittelfeld des Bildes sehen wir einen breiten Streifen Wüstensand. Die Wüste schenkt kein Leben und keine Lebensmöglichkeit, sie ist ein menschenfeindlicher Ort. Die Wüste ist aber auch ein Ort der Stille, an dem uns Gott begegnen kann.
Rechts auf dem Bild sehen wir den Jordan. Das blaue Wasser bringt den gelben Wüstensand zum Leuchten. Das Wasser kann die Wüste beleben und fruchtbar machen.

4. Kind:
Johannes steht groß und aufrecht am anderen Rand. Er sieht dunkel und struppig aus. Er ist kaum zu erkennen. Er steht auf der Grenze. Eine tiefe Kluft geht mitten durch ihn hindurch.

Lektor:
Wie eine Brücke verbindet Johannes den dunklen Streifen mit dem helleren Mittelfeld. Er ist die Nahtstelle zwischen dem Alten und dem Neuen Testament. Seine Augen und seine Hände sind deutlicher zu erkennen. Er trägt einen rauhen Umhang aus Kamelhaaren, wie die Propheten. Lange hat es in Israel keinen Propheten mehr gegeben. Aber jetzt kommt etwas Neues. Gott will, daß die Menschen wieder Hoffnung haben. Deshalb holt er Johannes hervor und stellt ihn in die Wüste, nahe beim Jordan.

Priester:
Johannes geht zu den Menschen in die Gegend vom Jordan. Dort predigt er: Hört auf Gott! Kehrt um! Tut Buße! Gott kommt zu euch. Bereitet dem Herrn einen Weg!

Die Menschen kommen in großen Scharen. Sie hören auf Johannes, den Rufer in der Wüste. Sie hören seine Stimme: In der Wüste — in der Wüste eures Lebens — bereitet dem Herrn einen Weg!

Lektor:
Was Johannes ruft, kann man auf dem Bild nicht sehen. Der ausgestreckte Arm und die sprechende Hand aber verraten es. Da ist einer, der mit Macht sagt: Halt! Du darfst nicht weitergehen. Du mußt umkehren! Du mußt dich Gott zuwenden. Die Hand zeigt in eine neue Richtung.

Priester:
Die Leute erschrecken. Sie fragen: Was sollen wir tun? Johannes sagt: Teilt eure Kleider mit denen, die keine haben. Teilt euer Essen mit allen, die Hunger haben, helft allen, die in Not sind. Bereitet so dem Herrn einen Weg!
Zöllner kommen und fragen: Johannes, was sollen wir tun? Er sagt: Ihr seid Betrüger! Hört auf, die Menschen zu betrügen, gebt zurück, was euch nicht gehört. Soldaten kommen: Was sollen wir tun? Johannes sagt: Braucht keine Gewalt! Plündert keine Menschen aus! Seid zufrieden und helft, wo ihr könnt. Bereitet so dem Herrn einen Weg.
Die Menschen hören auf Johannes. Das ist eine Botschaft und ein Weg für alle. Jetzt können sie wieder hoffen und aufatmen.
Einige denken: Er ist Christus, der Messias, auf den wir schon so lange warten. Endlich ist er da.

Lektor:
Auf dem Bild können wir sehen, was Johannes von solchen Gedanken hält. Mit der einen Hand zeigt er auf sich selbst, als wolle er sagen: „Ich soll der Messias sein?" Mit der anderen Hand weist er weit von sich weg. Er wird zum Wegweiser. Er zeigt auf das Wasser, das Leben gibt in der Wüste. Er zeigt auf einen anderen, der Leben gibt, der auf dem Bild aber noch nicht zu sehen ist. Er zeigt auf den Kommenden, den Stärkeren. Nicht Johannes ist wichtig, sondern der, der noch kommt.

4. Kind:
Johannes hat rote Farbe in seinem Gesicht und an seinem Arm. Ob es die Spuren von Blut sind? Ob er an seinem Auftrag leidet und zerbricht?

Lektor:
Wer auf einen Größeren hinweist, der muß selbstlos sein. Er muß sein Herzblut abgeben, damit andere leben und großwerden können.

Priester:
Johannes sagt: Ich bin nicht der Messias. Ich taufe euch nur mit Wasser. Nach mir kommt der, der stärker ist als ich. Er tauft euch mit Heiligem Geist.

Vor ihm bin ich nichts. Ich bin nicht wert, ihm die Riemen seiner Schuhe zu lösen. Er muß wachsen und groß werden, ich aber muß abnehmen.

Lektor:
Jetzt verstehen wir, warum Johannes im Bild gar nicht richtig zum Vorschein kommt!
Er tritt hinter seiner Botschaft zurück. Er tritt zurück, damit ein Größerer zum Mittelpunkt werden kann.

4. Kind:
Wo sind eigentlich die Leute, zu denen Johannes spricht?

Lektor:
Er schaut sie an. Wir sind es! Heute sind wir es!

Priester:
Wir wissen schon, wer es ist, von dem Johannes so geheimnisvoll spricht. Wir wissen, wer der Größere und Stärkere ist. Es ist Jesus Christus. Er ist gekommen, um die Menschen zu retten. In ihm ist Gott zu den Menschen gekommen. Jesus Christus aber will immer wieder ankommen bei uns, bis er am Ende der Welt in großer Macht und Herrlichkeit wiederkommt. Wir müssen ihm den Weg bereiten.

Lektor:
Johannes weist auf Jesus hin. Wer auf Johannes schaut und hört, wer seinem Wink folgt, der muß zu Jesus gehen.
Wer auf Johannes schaut und hört, der weiß, ich bin nicht wichtig, aber der, der kommen will, der ist wichtiger und größer als ich. Ich muß ihm den Weg bereiten, ich muß den Menschen sagen: Gott will zu uns kommen!
Ob wir wie Johannes die Menschen zu Jesus führen?[3] (nach Lk 3,1-18)

Liedvers:	Freut euch, ihr Christen, freuet euch sehr! Schon ist nahe der Herr! (GL 115)
5. Kind:	Herr, du kommst, wir wollen an dich glauben. Herr, du kommst, wir wollen auf dich hören.
Liedvers:	Freut euch, ihr Christen, ...
6. Kind:	Herr, du kommst. Wir wollen den Notleidenden helfen. Herr, du kommst. Wir wollen gerecht sein zu allen.
Liedvers:	Freut euch, ihr Christen, ...
7. Kind:	Herr, du kommst. Wir wollen aufhören, Böses zu tun. Herr, du kommst, Wir wollen uns anstrengen, besser zu werden.
Liedvers:	Freut euch, ihr Christen, ...

3 Nach Günter Lange, Meditationen zu acht Holzschnitten von Thomas Zacharias, Schallplatte Nr. 945210, München.

8. Kind:	Herr, du kommst. Wir wollen einander helfen und Freude machen. Herr, du kommst, wir wollen dir den Weg bereiten.
Liedvers:	Freut euch, ihr Christen, ...

Gabengebet

Gott, wir haben dir unsere Gaben Brot und Wein gebracht. Wir feiern nun miteinander das Mahl, zu dem Jesus uns eingeladen hat. Er ist mitten unter uns. Mache uns offen und bereit, ihn in unser Leben einzulassen. Hilf uns, gut zu sein, Rücksicht zu nehmen und zu verzeihen. So bereiten wir Jesus den Weg. Amen.

Präfation

Es ist gut und richtig, dich zu loben und dir zu danken, guter Gott, weil du in Jesus zu uns gekommen bist.
Du bist immer auf dem Weg zu uns. Einmal wirst du kommen in Macht und Herrlichkeit und dein Reich vollenden.
Wir danken dir für Jesus, deinen Sohn. In ihm hast du uns den Anfang einer neuen Welt geschenkt. Darum preisen wir dich und singen voll Freude:
Heilig, heilig, heilig ...

Schlußgebet

Gott, wir danken dir, daß du in Jesus zu uns gekommen bist. Du willst immer wieder bei uns ankommen. Die Adventszeit will uns daran erinnern. Sie sagt uns aber auch, daß Jesus am Ende der Zeit in Macht und Herrlichkeit kommt. Wir bitten dich, gib uns ein waches Herz und laß uns nicht müde werden, deinem Sohn die Wege zu den Herzen der Menschen zu bereiten. So werden wir selber an sein Kommen denken und dich voll Freude erwarten. Amen.

Weihnachten

Jesus ist unser Stern

Vorzubereiten:
Kleine selbstklebende Sterne aus Goldpapier. Am Eingang der Kirche kleben Kinder jedem Gottesdienstbesucher einen Stern auf die Hand.
Ein großer und einige kleinere beleuchtete Sterne in verschiedenen Größen.

Kinder basteln Sterne, die nach dem Gottesdienst mit einem Tannenzweig zu alten oder kranken Angehörigen mitgenommen werden können.
Von Kindern gemalte Bilder: Maria und das Kind in der Krippe, Josef, Hirten mit Schafen.

Einführung
Unsere Welt ist dunkel. Haß, Streit, Lüge, Unterdrückung, Armut und Hunger machen diese Welt zu einem finsteren Stall. Die Menschen hoffen heute wie vor zweitausend Jahren auf ein Licht, auf einen leuchtenden Stern, der die dunkle Welt hell und warm macht. Sie hoffen auf einen ungewöhnlichen Stern, der einen Weg zeigt aus Unrecht und Lüge, aus Haß und Gewalt, aus Unfrieden, Not und Tod.
Heute feiern wir das Weihnachtsfest, den Tag, an dem uns ein ungewöhlicher Stern aufgegangen ist: Jesus Christus. Er hat die übliche Bahn verlassen und Licht in unser oft so dunkles Leben gebracht, Licht in die Dunkelheit unserer Schuld. Seinetwegen dürfen wir hoffen und uns freuen.

Gebet

1. Kind: Weihnachten ist wie ein Licht in dunkler Nacht, weil Jesus als leuchtender Stern zu uns Menschen gekommen ist. Dafür danken wir dir, guter Gott.
Wir freuen uns auf die Geschenke, die wir bekommen. Das größte Geschenk, das Geschenk, das du uns machst, ist Jesus Christus. Er steht als leuchtender Stern über unserem Leben. Hilf uns, daß wir viele Menschen an unserer Weihnachtsfreude teilnehmen lassen und Licht verbreiten, wie Jesus es getan hat. Amen.

2. Kind: *(kommt mit einem großen beleuchteten Stern)*
Dies ist der Stern der heiligen Nacht. Wie er in Betlehem leuchtete, so leuchtet er heute für uns.

3. Kind: Was sagt uns der Stern, der so strahlend leuchtet?

Priester: Das sagt uns der Stern: „Auf, ihr Menschen, öffnet eure Herzen! Zu euch kommt ein strahlendes Licht. Seht doch, es ist so finster in der Welt. In vielen Herzen ist es dunkel von Trauer, Angst, Wut und Haß. Jesus ist das Licht für alle Menschen. Er bringt Gottes Licht, Liebe und Herrlichkeit."

3. Kind: Die Nacht wird zum Tage, das Dunkel zum Licht, weil Gott uns seine Nähe und Liebe verspricht.

Liedvers: Christ ist geboren, Christ ist geboren!
Darüber freun wir uns!
(Kehrvers aus dem Lied: Uns wird erzählt von Jesus Christ)

Lektor: Über Betlehem ging ein leuchtender Stern auf. Jesus ist der große, helle Stern, der Licht brachte in die arme, dunkle Welt. Jesus war wirklich ein leuchtender, ein strahlender Mensch, ein Stern, der ganz neue Bahnen zog.

Jesus ist auch heute noch ein ungewöhnliches Licht, ein leuchtender Stern, der neue und andere Bahnen zieht, als es bei uns so üblich ist. Heute können wir ihn sehen, heute, am Fest seines Aufgangs, seiner Geburt.

Es wäre wunderbar, wenn über Deutschland, über Köln, Düsseldorf und Mönchengladbach viele leuchtende Sterne aufgingen, Menschen, die wie Jesus die übliche Bahn verlassen, die Bahn von Trauer, Angst, Streit und Haß, und die Lichter werden für die Menschen durch Freude, Hoffnung und Liebe.

Lied: Uns wird erzählt von Jesus Christ ... Str. 1,3 und 5[4]

4. Kind: (zeigt ein von Kindern gemaltes Bild)
Das ist die Krippe mit dem Kind und Maria, seiner Mutter.

5. Kind: (zeigt ein von Kindern gemaltes Bild)
Das ist Josef, er sorgt für Mutter und Kind.

3. Kind: Wie ist das gewesen, als Jesus zur Welt kam? Wir möchten das wissen, erzählt es uns!

Priester:
Damals herrschte in Rom der Kaiser Augustus. Er war ein mächtiger Mann. Er brauchte viel Geld. Darum gab er den Befehl, jeder müsse sich an seinem Geburtsort in eine Steuerliste eintragen lassen.
So ging auch Josef von Nazaret hinauf zur Stadt des Königs David, nach Betlehem, weil er aus der Familie des Königs David stammte, um sich mit Maria, seiner Frau, eintragen zu lassen. Maria erwartete ihr erstes Kind.
Als sie in Betlehem waren, kam das Kind zur Welt. Maria gebar ihren Sohn, den Erstgeborenen. Sie wickelte ihn in Windeln und legte ihn in eine Krippe, weil in der Herberge kein Platz für sie war.

Liedvers: Christ ist geboren! Christ ist geboren!
Darüber freun wir uns!

6. und 7. Kind: (stellen sich mit ihren Bildern rechts und links von Maria und Josef)
Das sind die Hirten aus Betlehem mit ihren Schafen!

3. Kind: Warum laufen die Hirten so eilig zum Stall?
Erzählt! Wer hat sie geweckt mitten in der Nacht?

Priester:
Die Hirten hielten Nachtwache bei ihren Schafen. Da schickte Gott Engel zu ihnen mit der Botschaft: Jesus ist für euch geboren. Der Messias, der Retter der Welt, ist zu euch gekommen. In einem Stall liegt er, in Windeln gewickelt, in einer Krippe. Da sagten die Hirten zueinander: Auf, laßt uns nach Betlehem eilen,

4 Vgl. Gerd Watkinson, 111 Kinderlieder zur Bibel, Freiburg/Lahr 1969, 77.

jetzt, sofort, mitten in der Nacht. Wir wollen sehen, was dort geschehen ist. Wir wollen das Kind sehen, das Gott uns geschenkt hat. Wir wollen das Licht sehen, das uns aufgeleuchtet ist, mitten in der Nacht. Sie eilten. Sie fanden Maria und Josef. Sie fanden das Kind in der Krippe.

Liedvers: Christ ist geboren! Christ ist geboren!
Darüber freun wir uns.
(Die Kinder, die neben Maria und Josef stehen, treten ab.)

8. Kind: Wir nehmen die Hirten wieder weg. Sie sind jetzt unterwegs und erzählen, was sie erlebt haben.

Lektor:
Die Hirten blieben nicht bei der Krippe. Sie blieben auch nicht bei den Herden. Sie mußten erzählen, was sie gesehen und gehört hatten. Sie sagten die Frohe Botschaft weiter. Sie sagten weiter, was ihnen die Engel gesagt hatten: „Jesus ist geboren, der Retter, der Heiland dieser Welt.“ Sie konnten es nicht für sich behalten. Immer mehr Menschen hörten die Frohe Botschaft. Immer mehr Menschen sagten sie weiter bis heute, bis zu uns.

8. Kind: Auch wir wollen jetzt erzählen, was Großes geschah. Christus ist geboren, der Retter ist da!

Liedvers: Christ ist geboren! Christ ist geboren!
Darüber freun wir uns!
(Die Kinder mit den Bildern treten ab.)

9. Kind: Wir nehmen Maria und Josef und das Kind in der Krippe wieder weg. Jesus ist jetzt anders bei uns.

3. Kind: Wie kann Jesus nach so vielen Jahren noch bei uns sein?

Lektor:
Vor fast zweitausend Jahren wurde Jesus geboren. Aber er blieb kein kleines Kind. Er wurde groß. Er brachte den Menschen die Frohe Botschaft von Gott, seinem Vater. Er heilte Kranke und vergab Sünden. Kinder und Arme liebte er besonders. Aber viele verstanden ihn nicht. Er wurde ans Kreuz geschlagen und starb. Er gab sein Leben hin für die Menschen. Gott aber ließ ihn nicht im Tod. Er hat ihn auferweckt. Jesus lebt jetzt für immer bei Gott. Er lebt heute mit uns und für uns.

Liedvers: Christ ist geboren! Christ ist geboren!
Darüber freun wir uns.
(Ein Kind stellt sich mit dem großen beleuchteten Stern an den Altar.)

10. Kind: Den leuchtenden Stern nehmen wir nicht weg! Er sagt uns: In Jesus ist Gott uns nahe! Er sagt uns: Jesus ist unser Licht, unser Stern. Jesus ist für uns ein leuchtender, strahlender Stern. Er hat ein Auge

und ein Ohr für uns. Jesus ist für uns ein wahrer, ein wunderbarer Stern. Er hat ein Herz und ein gutes Wort für uns. Jesus ist der Stern, der unser Leben hell und warm macht. Jesus macht das Leben aller Menschen hell und froh. Er leuchtet uns voran. Er zeigt uns den Weg zum wahren Leben.

Gebet

Jesus, du bist unser Stern. Du machst unsere Erde hell und warm. Gehe auf und leuchte über uns, leuchte über unserem Haus, über unserer Stadt, über unserer dunklen Welt. Zeige uns den Weg zum wahren Leben. Jesus, du leuchtender Stern, du bist unsere Hoffnung. Amen.

Ansprache

Der Heilige Abend, die Heilige Nacht ist da. Sterne gehen auf in dieser Heiligen Nacht. Diese Sterne erinnern uns an den großen „Jesus-Stern", der aufgegangen ist in der ersten Heiligen Nacht von Betlehem. Wir feiern heute den Aufgang dieses großen, leuchtenden Sternes, der leuchtet bis in unsere Zeit, der unsere dunkle Welt, unsere dunklen Nächte erhellt.

Das Zeichen für den leuchtenden „Jesus-Stern" ist der große Stern, der jetzt über dem Altar steht. Dieser Stern aber ist noch nicht vollständig, denn der große leuchtende „Jesus-Stern", der aufgestrahlt ist über unserer dunklen Welt, ist nicht allein, ist nicht nur ein einzelner Stern. In seinem Schweif gibt es noch ganz viele kleinere Sterne, die alle glitzern und leuchten in der dunklen Heiligen Nacht, in jeder Nacht — auch in der unheiligen Nacht. Der Schweif des „Jesus-Sterns" geht vom Jahre 0 bis zum Jahre 19.. und darüber hinaus.

(Sechs Kinder kommen mit leuchtenden Sternen, die verschieden groß sind, sie stellen sich jeweils rechts oder links vom „Jesus-Stern".)

Da kommt ein leuchtender Stern. Er strahlt nicht so hell wie der „Jesus-Stern", aber er leuchtet ganz schön. Über unserer dunklen Welt steht ein leuchtender Stern, ein Stern der Liebe und Hilfsbereitschaft. Er ist der Stern der Mutter Teresa, die in Indien lebt. Sie sorgt in Kalkutta für die Menschen, die auf der Straße leben. Sie kümmert sich um Sterbende und um Kinder, die verhungern müssen. Sie sorgt für die Menschen, die in großer Not sind. Mutter Teresa hat ganz viele Kinder auch bei uns, die mit ihr den Ärmsten der Armen helfen. Sie alle sind kleine, leuchtende Sterne, die hineinleuchten in die Not, in die Armut, in die Verlassenheit und in das dunkle Sterben vieler Menschen. Wo Menschen die Liebe Jesu weitertragen, wo sie den Armen helfen und ihnen Bruder, Schwester oder Mutter werden, da geht ein Licht auf in dunkler Nacht, da werden Menschen zu leuchtenden Sternen im Schweif des „Jesus-Sterns".

Der nächste Stern, der durch die dunkle Nacht leuchtet, ist schon ein alter Stern. Er leuchtet schon seit vielen Jahrhunderten im Schweif des „Jesus-Sterns". Von ihm hat er sein Licht. Dieser Stern gehört dem heiligen Nikolaus. Ihr alle kennt den heiligen Mann, der vielen Menschen Freude geschenkt hat. Er hat alles, was er hatte, an die Armen verteilt und vielen Menschen in ihrer Not geholfen. Bis heute beschenken wir uns an seinem Fest. Der Nikolausstern leuchtet heute noch, weil Nikolaus uns gezeigt hat, wie schön es ist und wie glücklich es macht, andere zu beschenken, mit anderen zu teilen, anderen zu helfen und Freude zu machen. Da, wo Menschen mit denen, die in Not sind, teilen, wo sie einander helfen und sich beschenken, da geht ein Licht auf in dunkler Nacht, da werden Menschen zu leuchtenden Sternen im Schweif des „Jesus-Sterns".

Der nächste Stern, der durch die dunkle Kirche leuchtet, heißt: „Eltern-Stern". Viele Kinder haben mir gesagt, daß die Eltern für sie leuchtende Sterne sind, weil sie Zeit und Verständnis für Kinder haben, weil sie Liebe und Geborgenheit schenken, Anerkennung und Freude, weil Eltern für die Kinder arbeiten und sorgen. Dieser Stern steht also für alle Väter und Mütter hier, die leuchtende Sterne sind. Wo Menschen in Liebe miteinander leben und füreinander sorgen, wo Menschen Leben schenken und pflegen, da leuchtet etwas vom Licht des „Jesus-Sterns" auf, da werden Menschen zu leuchtenden Sternen im Schweif des „Jesus-Sterns".

Zum Schweif des „Jesus-Sterns" gehört auch der Claudia-Stern. Claudia wohnt in einer Familie, in der nie gebetet wird, wo nie jemand zur Kirche geht. Claudia wird ausgelacht, weil sie jeden Sonntag den Kindergottesdienst besucht. Claudia hat begriffen, daß Jesus ein richtiger Stern ist, der über ihrem Leben leuchtet, sie möchte in seinem Licht leben und von seinem Licht etwas in die dunkle Welt tragen. Claudia ist ein leuchtender Stern in der Nacht des Unglaubens.

Ralf ist ebenfalls ein Stern, der zum Schweif des „Jesus-Sterns" gehört. Er fährt täglich seinen kranken Freund im Rollstuhl spazieren. Er spielt und lernt mit ihm. Für eine kranke Nachbarin kauft er noch regelmäßig ein. Ralf ist ein Stern, der Licht und Freude bringt in das traurige, dunkle Leben seines behinderten Freundes und der kranken Nachbarin.

Der Michael-Stern läßt sein Licht leuchten für alle Jugendlichen, die kein Zuhause haben, die im Gefängnis waren und zu Hause hinausgeflogen sind. Für sie setzt er viel Zeit, Geld und Kraft ein. Viele von diesen Jugendlichen finden bei ihm wieder Mut zu einem neuen Lebensanfang.

Das sind sechs Sterne, die zum Schweif des großen, leuchtenden „Jesus-Sterns" gehören. Wir könnten jetzt noch ganz viele Sterne um den Altar stellen, denn ihr, liebe Kinder, und auch eure Eltern und Großeltern, wir alle, gehören ja zum Schweif des „Jesus-Sterns". Die kleinen Sterne, die wir auf der Hand tragen, wollen das deutlich machen und uns daran erinnern. Wir alle sollen leuchtende Sterne sein und viel Licht in die dunkle Welt bringen. Viele von euch haben Sterne gebastelt, die nach dem Gottesdienst zu alten und kranken Leuten gebracht werden. Dadurch seid ihr selbst zu Sternen geworden, die anderen Licht und Freude schenken.

Wir alle sind kleine oder große Sterne und gehören zu Jesus, dem großen Stern, der leuchtend aufgegangen ist über unserer dunklen Erde, über unserem dunklen Leben. Er zeigt uns den Weg zum wahren Leben. Ihm wollen wir folgen. Zu ihm wollen wir gehören. Mit ihm wollen wir leuchten über unserer Schule, über unserer Kirche, über unserer Stadt, über der dunklen Welt. Wenn wir alle leuchten und sein Licht, seine Liebe, seinen Frieden und seine Freude weitergeben, dann wird unsere dunkle Welt strahlend hell.

Gabengebet
Gott, wir haben dir Brot und Wein gebracht. Nimm uns mit diesen Gaben an. Wir möchten mithelfen, daß die Welt durch uns heller und wärmer wird. Schenke du uns dein Licht und deine Liebe durch Jesus, der als Stern über uns aufgegangen ist. Amen.

Präfation

Priester: Ja, Gott, es ist gut und richtig, dir immer und überall zu danken. Wir danken dir für alle Sterne, die leuchten in dunkler Nacht. Besonders aber danken wir dir für Jesus, den du als leuchtenden Stern über dem dunklen Stall der Erde aufgehen ließest. Er strahlt in unser dunkles Leben und macht es hell und warm.

11. Kind: Wir danken dir für Jesus, den neuen Stern, der heller strahlt als alle Sterne und Stars dieser Welt.

Alle: Wir danken dir!

12. Kind: Wir danken dir für Jesus, den leuchtenden Stern, der allen, die nicht mehr ein noch aus wissen, einen Weg zeigt.

Alle: Wir danken dir!

13. Kind: Wir danken dir für Jesus, den hellen Stern, der Licht bringt in unsere Dunkelheit. Er zeigt uns den Weg zum wahren Leben.

Alle: Wir danken dir!

Priester: Mit allen Engeln und Heiligen preisen wir dich, menschenfreundlicher Gott, und singen voll Freude:
Heilig, heilig, heilig ...

Nach der Kommunion:

Lektor: Ich habe einen wunderschönen Stern gesehen, der leuchtet und strahlt mitten in der dunklen Nacht. Er bringt Licht in die Nacht der Einsamkeit und Verlassenheit, in die Nacht der Trostlosigkeit und Verzweiflung, in die Nacht der Lüge und des Unrechts.

14. Kind: Ich habe einen außergewöhnlichen Stern gesehen, der aufgeleuchtet ist in der dunklen Nacht der Schuld. Wer ihn entdeckte, horchte auf, denn er sagte: Kommt heraus aus der Nacht der Schuld, euch ist vergeben. Kommt aus der Nacht! Kommt in mein Licht! Ich zeige euch den Weg zu einem neuen Leben.

Lektor: Dieser wunderbare Stern hieß Jesus von Nazaret. Er hatte einen ungeheuer großen Schweif, der reichte vom Jahre Null bis zum Jahre ... und darüber hinaus. Und dieser Schweif bestand aus vielen kleinen, leuchtenden Sternen, die viel Licht verbreiteten in der dunklen Nacht. Sie glitzerten und funkelten im großen Schweif des „Jesus-Sterns". Ich freute mich, als ich bei genauem Hinsehen feststellte, daß auch Freunde und Bekannte aus unserer Stadt leuchtende Sterne sind, die zum großen Schweif des „Jesus-Sterns" gehören.

14. Kind: Es ist so dunkel, so schrecklich dunkel in unserer Welt. Da müssen auch wir leuchten und Licht verbreiten, da müssen auch wir zu hellen Sternen im Schweif des „Jesus-Sterns" werden. Wenn wir alle zum Lichtschweif des Weihnachtssterns gehören, dann wird es in unserer Welt strahlend hell.[5]

Schlußgebet

Gott, Jesus Christus ist dein Geschenk an uns. Durch ihn ist das wahre Licht in diese Welt gekommen. Er ist strahlend über uns aufgegangen und hat Licht in unser Leben gebracht. Wir danken dir.

Laß uns, von ihm erleuchtet, zum Stern der Liebe und des Friedens werden für unsere Eltern und Geschwister und für alle Menschen, mit denen wir heute und morgen zusammenkommen. Amen.

(Wer möchte, kann jetzt einen Stern mitnehmen, um ihn zu alten oder kranken Menschen zu bringen.)

Weihnachten

Gottes Wort auf Stroh

Vorzubereiten:
Strohsterne für alle Teilnehmer.

Begrüßung

Wir beginnen unsern Familiengottesdienst im Namen Gottes, der in Jesus von Nazaret zu uns gekommen ist. Wir dürfen uns freuen, denn Gottes Wort ist

5 Nach Wilhelm Willms, Aus der Luft gegriffen, Kevelaer 1976, 156f.

Mensch geworden für uns und für alle Menschen, die jetzt irgendwo Gottesdienst feiern, aber auch für alle, die noch nie etwas von ihm gehört haben.

Einführung

1. Kind: ... hat uns gesagt, wir sollten über das Wort „Stroh“ nachdenken. Mir fiel sofort das Wort „strohdumm“ ein. Mutter sagt öfter: Der Hans von nebenan ist strohdumm.

2. Kind: Was ist damit gemeint?

1. Kind: Nun, Stroh ist trocken, abgedroschen, leer, ohne Leben. Es kann keine neuen Ähren und Körner bringen. Mutter meint, daß Hans nur abgedroschene Worte wiederholt, nur „leeres Stroh“ drischt, keine eigenen Gedanken und Ideen hat.

2. Kind: Ich dachte dabei an einen Stall mit Stroh. Bettler schlafen auf Stroh — und Tiere. Für die Tiere ist das Stroh noch zu gebrauchen. Die dürfen darauf liegen, es fressen oder zertreten.

3. Kind: Jesus hat auch auf Stroh gelegen. Er wählte das Lager der armen Leute, der Bettler und Tiere. Maria legte ihr Kind in eine Futterkrippe auf Stroh, weil die Menschen keinen Platz für Jesus hatten.

4. Kind: Die Strohsterne wollen uns daran erinnern, daß Jesus, unser Stern, auf Stroh gelegen hat bei den Tieren im Stall. In einem Stall auf Stroh ist Gottes Wort zur Welt gekommen.

Gebet

Gott, oft sind unsere Worte leer. Sie sind ausgetrocknet und abgedroschen wie Stroh, ohne Leben. Manchmal sind unsere Worte sogar vernichtend und tödlich. Das lebendige Wort, das gute Wort, das Wort der Liebe, das bei dir war, ist in Betlehem geboren, geboren auf Stroh, auf dem Stroh unserer leeren Worte. Wir danken dir für dein Wort, das in unsere Welt gekommen ist, das Fleisch und Blut angenommen hat, das Hand und Fuß bekommen hat. Dein lebendiges Wort, dein Wort, das Leben schenkt, hat in Jesus Christus unter uns gewohnt. Verzeihe uns unsere leeren und abgedroschenen Worte, unsere leblosen und lieblosen Worte, unsere kalten und unwahren Worte. Laß dein Wort wieder in uns lebendig werden. Amen.

5. Kind: Meine Mutter sagt immer: An einem guten Wort kann man sich festhalten wie an einem rettenden Strohhalm. Ein Ertrinkender greift in seiner Not nach einem Strohhalm und erhofft sich von ihm Halt und Rettung. Kranke klammern sich an das Wort des Arztes wie an einen rettenden Strohhalm. Ein Strohhalm erinnert an Not oder an Rettung.

Preister:
Den wirklich rettenden Strohhalm, das rettende Wort, hat uns Gott gegeben, ein Wort auf Stroh. Gottes Wort auf Stroh.
Lied: Singen wir mit Fröhlichkeit, ... (GL 135, Str. 1)

Evangelium
Im Anfang war das Wort und das Wort war bei Gott. Ganz nahe war es bei Gott. Gott selbst ist das Wort.
Im Anfang war das Wort bei Gott, ganz im Anfang, als noch alles in Ordnung war. Alles ist durch das Wort geworden. Alles ist aus dem Wort Gottes geworden.
Lied: Freue dich, Jerusalem, Licht strahlt auf in Betlehem ... (GL 135, Str. 2)
Im Wort ist das wahre Leben. Gottes Wort ist Licht für die Menschen. Jesus Christus ist das Licht, Gottes Wort.
Das Licht leuchtet in der Finsternis, aber die Finsternis hat es nicht ergriffen. Gottes lebendiges Wort kam in sein Eigentum, aber es wurde nicht aufgenommen. Allen aber, die es aufnahmen, und allen, die es aufnehmen, gibt es die Kraft, Söhne und Töchter Gottes zu werden.
Lied: Zion, preis den Herrn dein, ... (GL 135, Str. 3)
Wer Gottes lebendiges Wort annimmt, ist aus Gottes Geist geboren. Das Wort Gottes hat Fleisch angenommen und hat unter uns gewohnt. Wir haben sein strahlendes Licht geschaut, Gottes Lichtglanz, wie ihn nur ein einzigartiger Sohn von seinem Vater haben kann. Dieses Licht, dieser Glanz ist Gottes fleischgewordenes Wort, das Wort voll Gnade und Wahrheit. (nach Johannes 1)
Lied: Der im Himmelreich regiert, ... (GL 135, Str. 4)

Spiel:
(Krippe mit Stroh und Strohsternen, darauf das Kind — steht seitlich am Altar. Maria und Josef schauen auf das Kind.)
1. Kind: Wir haben gehört, Gottes Wort sei hier geboren. Es liege hier auf Stroh. Das können wir nicht verstehen.
Josef: Verstehen kann ich das auch nicht. Das ist auch nicht wichtig. Nehmt Gottes Wort an, liebt es und laßt es in euch lebendig werden!
2. Kind: In unserer Zeit gibt es Menschen, die machen viele große Worte. Leider sind diese großen und wohlklingenden Worte oft nicht wahr. Sag, Maria, ist Gottes Wort wahr?
(Maria schweigt und nickt!)
3. Kind: Es gibt heute so viele Menschen, die mit beschwörenden Worten uns große Versprechungen machen. Leider werden diese nur selten gehalten.
Sag, Maria, hält Gottes Wort, was er verspricht?
(Maria schweigt und nickt!)

1. Kind: Es gibt viele Menschen, die mit lieblosen Worten andere verurteilen, beleidigen und verletzen. Sag, Maria, ist Gottes Wort ein Wort der Liebe?
(Maria schweigt und nickt!)

2. Kind: Es gibt viele Menschen, die sich mit giftigen Worten zanken und streiten.
Sag, Maria, ist Gottes Wort ein Wort des Friedens?
(Maria schweigt und nickt!)

3. Kind: Es gibt viele Menschen, die mit kalten und harten Worten andere traurig machen und sie zum Weinen bringen.
Sag, Maria, ist Gottes Wort ein Wort der Freude?
(Maria schweigt und nickt!)

1. Kind: Es gibt viele Menschen, die mit niederschmetternden Worten anderen den Mut und die Hoffnung nehmen.
Sag, Maria, ist Gottes Wort ein aufrichtendes Wort, ein Wort, das Hoffnung schenkt?
(Maria schweigt und nickt!)

2. Kind: Es gibt Menschen, die mit vernichtenden und tötenden Worten andere kaltstellen und erledigen.
Sag, Maria, ist Gottes Wort ein Wort, das Leben schenkt?
(Maria schweigt und nickt!)

3. Kind: Es gibt viele Menschen, die mit glänzenden Worten ihre Schuld vertuschen oder sie auf andere abschieben.
Sag, Maria, ist Gottes Wort ein Wort, das Vergebung schenkt?
(Maria schweigt und nickt!)

1. Kind: Es gibt viele Menschen, die mit anklagenden Worten andere bloßstellen, sie aufs Kreuz legen, sie auf ihre Schuld festnageln.
Sag, Maria, ist Gottes Wort ein befreiendes, ein erlösendes Wort?
(Maria schweigt und nickt!)

2. Kind: Maria, warum schweigst du? Warum sagst du uns nichts?

Josef: Gottes Wort wird aus dem Schweigen geboren.
Maria hat Gottes Wort geboren,
das Wort der Liebe und Wahrheit,
das Wort des Friedens und der Vergebung,
das Wort der Freude und der Hoffnung,
das Wort, das rettet und neues Leben schenkt.
Hier liegt es auf Stroh.
Gottes Wort liegt auf dem Stroh eurer Worte.
Nehmt es an, und laßt es in euch lebendig werden!

Musik

Bitten

Priester: Gott, du hast uns dein lebendiges Wort gegeben. Dein Wort ist Fleisch geworden in Jesus von Nazaret. Wir bitten dich: (sprechen oder rezitieren)

Kind: Jesus, du Wort des Vaters,
Alle: werde lebendig in uns.

Kind: Jesus, du Wort der Wahrheit,
Alle: werde lebendig in uns.

Kind: Jesus, du Wort der Liebe,
Alle: werde lebendig in uns.

Kind: Jesus, du Wort des Friedens,
Alle: werde lebendig in uns.

Kind: Jesus, du Wort der Freude,
Alle: werde lebendig in uns.

Kind: Jesus, du Wort der Hoffnung,
Alle: werde lebendig in uns.

Kind: Jesus, du Wort, das Leben schenkt,
Alle: werde lebendig in uns.

Kind: Jesus, du Wort der Vergebung,
Alle: werde lebendig in uns.

Kind: Jesus, du befreiendes Wort,
Alle: werde lebendig in uns.

Kind: Jesus, du menschgewordenes Wort,
Alle: werde lebendig in uns.

Kind: Jesus, du Wort, das unter uns lebt,
Alle: werde lebendig in uns.

Priester:
Ja, Gott, gib uns dein Wort, das bei dir ist, und laß dieses Wort in uns lebendig werden, laß es Fleisch und Blut, Hand und Fuß bekommen unter uns. Amen.

Gabengebet

Es ist kaum zu glauben, Gott, aber dein lebendiges Wort ändert alles, diese ganze Welt und uns. Um dein lebendigmachendes Wort über diese Gaben und uns bitten wir dich auch jetzt, damit du in uns Fleisch und Blut wirst und wir in dir leben heute und an allen Tagen bis in Ewigkeit. Amen.

Präfation

Es ist gut und richtig, dir, verborgener Gott, immer und überall zu danken.
Wir danken dir für Jesus, dein lebendiges Wort, das Licht brachte in die Dunkelheit unserer Welt.
Er, dein göttliches Wort, ist geboren auf Stroh, auf dem Stroh unserer leeren Worte.

Um dieses Wortes willen, das Fleisch und Blut annahm in Jesus von Nazaret, preisen wir dich, guter Gott, mit allen Menschen guten Willens und singen: Heilig, heilig, heilig ...

Nach der Kommunion

Liedvers: Das Wort wurde Fleisch und wohnte bei uns. (GL 149/6)

Kind: Gott, wir danken dir für dein lebendiges Wort, das bei dir war und bei dir ist.

Liedvers: Das Wort wurde Fleisch und wohnte bei uns.

Kind: Gott, wir danken dir für dein Wort, das tröstet und heilt, für dein Wort, das froh macht und verzeiht.

Liedvers: Das Wort wurde Fleisch und wohnte bei uns.

Kind: Gott, wir danken dir für dein Wort, das Mut macht und aufrichtet, für dein Wort, das Hoffnung schenkt und Leben.

Liedvers: Das Wort wurde Fleisch und wohnte bei uns.

Kind: Gott, wir danken dir für dein Wort, das Blinde sehend macht und Lahme tanzen läßt, für dein Wort, das Taube aufhorchen und Tote auferstehen läßt.

Liedvers: Das Wort wurde Fleisch und wohnte bei uns.

Kind: Gott, wir danken dir für dein Wort, das Frieden stiftet und Brot vermehrt, für dein Wort, das Nahrung ist und Leben schenkt.

Liedvers: Das Wort wurde Fleisch und wohnte bei uns.

Kind: Gott, wir danken dir für dein Wort, das in Jesus zur Welt kam und das noch in unserer Welt ist, für dein Wort, das auf Stroh gelegen hat und noch auf Stroh liegt, bis wir es aufnehmen und in uns lebendig werden lassen.

Liedvers: Das Wort wurde Fleisch und wohnte bei uns.

Kind: Gott, wir danken dir für dein Wort, das in uns Fleisch werden will, das in uns Hand und Fuß bekommen will, für dein Wort, das die Welt verwandeln will.

Liedvers: Das Wort wurde Fleisch und wohnte bei uns.

Schlußgebet

Ja, Gott, laß dein Wort in uns lebendig werden heute und an allen Tagen. Amen.

Verteilen der Strohsterne:

Gottes lebendiges, frohmachendes Wort hat auf Stroh gelegen. Jesus, unser Stern, lag auf Stroh, auf dem Stroh unserer leeren Worte. Nehmt einen Strohstern mit, der euch an Gottes Wort auf Stroh erinnert. Dieser Strohstern will euch daran erinnern, daß wir mithelfen müssen, Gottes Wort auf dem leeren Stroh dieser Welt lebendig werden zu lassen.[6]

6 Dieser Gottesdienst orientiert sich an Wilhelm Willms, Roter Faden Glück, a.a.O., 9,10–9,13.

Weihnachten heute

Einführung

„Ein Kind ist uns geboren heut, das alle Welt erfreut ..." Wir dürfen uns freuen, denn Gott ist Mensch geworden. In Jesus ist er zu uns gekommen, um alles heil und gut zu machen. In unserer Freude sind wir zusammengekommen, um miteinander Weihnachten zu feiern und darüber nachzudenken, was die Geburt Jesu für uns heute bedeutet.

1. Kind: Wer kann mir sagen, wo Jesus Christus geboren ist?

2. Kind: Dort ist Christus geboren, wo Menschen beginnen, menschlich zu handeln und sich besinnen, die Welt zu verwandeln.
Dort ist Christus geboren.

1. Kind: Wer kann mir sagen, wann Jesus Christus geboren ist?

2. Kind: Dann ist Christus geboren, wenn Menschen beginnen, menschlich zu handeln und sich besinnen, die Welt zu verwandeln.
Dann ist Christus geboren.

1. Kind: Wer kann mir sagen, wozu Jesus Christus geboren ist?

2. Kind: Dazu ist Christus geboren, daß Menschen beginnen, menschlich zu handeln und sich besinnen, die Welt zu verwandeln.
Dazu ist Christus geboren.[7]

Musik

Gebet

Gott, wir haben die Frohe Botschaft gehört, daß Jesus Christus geboren ist.
Wir freuen uns, daß Weihnachten ist.
Aber es gibt so viele Kinder, die können sich nicht freuen, weil sie Hunger haben, weil sie eine schlechte Wohnung haben, weil sie keine Eltern haben, weil sie krank sind.
Wir wollen unsere Freude mit ihnen teilen. Laß uns von Jesus lernen, einander zu lieben, menschlich zu handeln und mit ihm die Welt zu verwandeln.
Amen.

7 Aus: Kurt Rommel, Martin Schmeißer, Advent, Weihnachten, Kinder- und Familiengottesdienst, Freiburg/Lahr, 1972, 43f.

Hinführung zu Spiel und Evangelium

Viele von euch haben zu Hause eine Krippe. Obwohl in der Bibel nichts von Ochs und Esel zu lesen ist, stellen viele Menschen diese Tiere an ihre Krippe. Sie tun es, weil sie meinen, daß die Tiere viel klüger sind als die Menschen. Die Tiere kennen ihren Stall, sie wissen, wohin sie gehören. Die Menschen aber hören nicht auf ihren Herrn, sie kennen ihn kaum.

Die Tiere wissen, wer gut zu ihnen ist, aber die Menschen tun so, als wüßten sie es nicht.

Die Tiere wissen, wo ihr Herr ist, aber die Menschen, wir Menschen, wissen es so selten.

Ochs und Esel wissen, wo sie zu Hause sind, wo Friede ist.

Wissen wir, wer unser Herr ist, wo wir zu Hause sind, wo Friede ist?

Die Erzählung von der Geburt Jesu spricht von Menschen, die wissen, wo sie zu Hause sind. Die Hirten wissen, wer ihr Herr ist und wo ihr Herr ist. Sie kommen zur Krippe. Sie suchen den Herrn an der richtigen Stelle. Und wir?

Spiel

1. Hirte:	Wir sind Hirten. Wir sind arme Leute. Wir gelten nicht viel. Um uns kümmert sich sonst keiner.
Sprecher:	Weshalb kommt ihr jetzt? Warum seid ihr nicht bei euren Herden geblieben?
1. Hirte:	Wir haben eine wichtige Botschaft für euch! Wir bringen euch eine gute Nachricht! Wir können die Frohe Botschaft nicht für uns behalten. Wir müssen sie weitersagen!
Sprecherin:	Von wem habt ihr denn schon eine wichtige Botschaft? Kaiser und Könige schicken doch keine Hirten aus, wenn sie uns etwas Wichtiges zu sagen haben. Welche Botschaft bringt ihr uns?
1. Hirte:	Wir bringen euch eine Frohe Botschaft. Die Botschaft des Propheten Jesaja hat sich erfüllt!
Sprecher:	Von wem habt ihr die Botschaft? Habt ihr sie vielleicht von euren Schafen? Habt ihr sie aus den Sternen gelesen?
2. Hirte:	Komm, wir gehen weiter! Hier glaubt man unserer wichtigen Botschaft nicht! Hier lacht man uns aus!
1. Hirte:	Sie sollen auch lachen! Wir bringen ihnen ja eine Frohe Botschaft!
2. Hirte:	Diese Menschen verdienen nicht, sie zu hören!
1. Hirte:	Aber sie wissen doch auch noch nichts von dem Wunder, das geschehen ist.
Sprecherin:	Ein Wunder? Ein Wunder ist geschehen? Wo? Wann? Erzählt!
Sprecher:	Laß dich doch von einfältigen Hirten nicht an der Nase herumführen! Erst reden sie von einer Frohen Botschaft, dann von Propheten, dann von einem Wunder. Glaub doch nicht, was diese

	ungebildeten Leute sagen. Die verstehen nur etwas von ihren Schafen, von Milch, Wolle und Schafsmist.
Sprecherin:	Ich möchte die Frohe Botschaft aber hören! Hirten, erzählt von dem Wunder!
1. Hirte:	Gott ist in seinem Sohn Jesus zu uns gekommen. Der Messias, der Heiland der Welt ist da! Der Retter der Welt ist für uns geboren.
Sprecher:	Gottes Sohn! Hört! Den Messias haben sie gesehen! Das ist ja zum Lachen!
Sprecherin:	Die Propheten haben gesagt: Wenn der Messias kommt, dann wird eine neue Zeit sein, eine bessere Zeit, eine Freudenzeit. Wenn der Messias kommt, dann wird sich alles zum Guten wenden, dann wird die Welt verwandelt.
Sprecher:	Na und? Hast du davon schon etwas gemerkt? Mir scheint, wir haben immer noch die alten schlechten Zeiten.
Sprecherin:	Das stimmt! Wir haben immer noch die alten schlechten Zeiten! Der Prophet Jesaja aber hat gesagt: „Das Volk, das im Dunkeln lebt, schaut ein großes Licht. Über denen, die im Land der Finsternis wohnen, erstrahlt ein helles Licht.“ Wenn der Messias kommt, dann wird überall Frieden und Freude sein, dann wird es Gerechtigkeit geben, Hungernde werden satt und Kranke gesund. Niemand wird mehr Böses tun. Leid und Trauer wird es nicht mehr geben. Ich wollte, diese Hirten hätten recht! Frieden, Freude und Gerechtigkeit, das wünschen wir uns doch alle. Ob das große Licht nun aufstrahlt?
Sprecher:	Aber merkt ihr denn nicht, daß die Hirten lügen? Immer noch regiert das Böse in unserm Land. Überall gibt es noch Zank, Streit, Haß, Lüge und Ungerechtigkeit. Immer noch! Immer noch erleben Menschen Dunkelheit, Leid und Tod.
1. Hirte:	Das verheißene Licht, der Messias ist da! In Betlehem im Stall ist ein Kind geboren.
Sprecher:	Ein Kind! Zum Lachen ist das! Die Hirten wollen uns weismachen, daß irgendein Kind in Betlehem der verheißene Messias, der Sohn Gottes ist.
Sprecherin:	Aber hat nicht Jesaja gesagt: „Ein Kind ist uns geboren, ein Sohn ist uns geschenkt, auf seinen Schultern ruht die Herrschaft der Welt. Man gibt ihm die Namen: Wunderrat, Gottheld, Friedensfürst. Seine Herrschaft ist groß und der Friede kennt kein Ende.“
1. Hirte:	Wir waren in der Gegend von Betlehem auf dem Feld. Es war Nacht. Wir blieben draußen und bewachten die Herden. Um uns herum war es dunkel. Plötzlich wurde es hell. Licht strahlte in unsere Dunkelheit. Wir spürten die Nähe Gottes. Engel waren

da, und Gottes Licht leuchtete über uns. Ein seltsames, wunderbares Licht war plötzlich um uns. Alles leuchtete davon. Das Licht blendete uns. Wir warfen uns auf die Erde und bedeckten unsere Augen.

2. Hirte: Ein Engel sprach zu uns: „Fürchtet euch nicht! Ich bringe eine gute Nachricht für euch! Ich verkünde Freude allen Menschen: Gott kommt zu euch! Der Heiland ist für euch geboren. Es ist Christus, der Herr! Und daran werdet ihr ihn erkennen: Ihr werdet ein Kind finden, das in Windeln gewickelt ist und in einer Krippe liegt."

Und plötzlich waren ganz viele Engel da. Sie lobten Gott und sangen: „Ehre sei Gott in der Höhe, und Friede ist auf der Erde bei den Menschen, die Gott liebt."

Sprecherin: Friede auf Erden! Ist das möglich? Friede! Friede für immer!

Sprecher: Die Hirten haben das alles nur geträumt! Ich glaub's nicht, daß sie das gehört haben. Man kann sich doch auch denken, daß solche Hirten müde werden, wenn sie den ganzen Tag mit ihren Herden unterwegs sind. Nachher schlafen sie so fest, daß sie nicht mehr wissen, was wirklich geschehen ist — oder was sie nur geträumt haben.

Sprecherin: Wenn sie aber wirklich Gottes Botschaft gehört haben? Und wenn wirklich der Messias, der Retter der Welt, geboren ist?

Sprecher: Aber doch nicht in Betlehem, in einem Stall, in einer Krippe! Unsinn, nichts als Unsinn!

1. Hirte: Wartet, wir wollen euch noch mehr sagen: „Wir sagten zueinander: Auf! Schnell, laßt uns nach Betlehem eilen! Habt ihr nicht die gute Nachricht gehört? Ein Kind ist geboren für uns. In einem Stall ist es. Dieses Kind ist der Erlöser, der Messias, der Retter der Welt. Laßt uns schnell zu ihm gehen. Wir wollen sehen, was da geschehen ist.

Wir liefen nach Betlehem. Wir fanden den Stall. Wir fanden Maria und Josef, wir fanden das Kind in der Krippe. Wir sahen es. Er ist geboren. Gott ist für uns Mensch geworden. In diesem Kind ist er bei uns. Er ist uns Bruder geworden und liebt ohne Unterschied jeden, der kommt.

Froh kehrten wir zurück und lobten Gott. Wir sagten es überall weiter: Christus ist geboren, der Friede Gottes ist bei den Menschen.

Sprecherin: Wie wunderbar das alles klingt! Gottes Sohn wurde in Betlehem in einem Stall geboren! Ärmer als wir alle kam er zur Welt. Ein kleines Kind in ärmlichen Windeln ist der Messias, der Heiland der Welt. Auf seiner Schulter ruht die Weltherrschaft.

	Wir müssen umdenken und uns ändern. Wir müssen umkehren und mit ihm die Welt verwandeln! Erzählt weiter! Wir wollen noch mehr von diesem Kind in Betlehem wissen!
2. Hirte:	Wir haben euch alles gesagt! Ihr müßt es glauben, denn jetzt ist er da!

Priester:
Ihr müßt es glauben, denn jetzt ist er da! Ja, er ist da mit seiner Liebe, mit seiner Freude, mit seinem Frieden. Jesus kam und kommt in unsere Welt. Unsere Welt ist keine heile und lachende Welt, auch wenn bei uns in diesen Tagen viele Menschen lachen und sich freuen. Er kam in eine aufgewühlte, unterdrückte, hungernde und sich nach Freiheit sehnende Welt. Er wollte und will zu allen Menschen kommen. Darum kam er zu den Ärmsten und fing ganz unten an. So groß ist seine Liebe! Die Frohe Botschaft, daß Jesus gekommen ist, um uns zu erlösen, um alles heil und gut zu machen, wird überall erzählt. Wird auch auf der ganzen Welt daran geglaubt?
Nein, wir haben es gerade gehört. Vielen Menschen gefällt die Botschaft nicht. Sie werden in ihrem bösen und bequemen Leben dadurch gestört.
Darum erzählen wir heute — wie die Hirten damals — diese Geschichte vom Kommen Jesu, weil wir glauben und hoffen, daß Menschen sich nach Licht und Heil, nach Frieden und Gerechtigkeit sehnen. Und wir hoffen heute, daß durch diese Frohe Botschaft auch bei uns und um uns herum Haß und Nacht verschwinden. Die Frohe Botschaft, daß Jesus gekommen ist, ist wie ein Licht am Himmel, das die Nacht hell macht und den Weg zum wahren Leben zeigt.

Musik

Fürbitten

Priester:	Herr Jesus Christus, dein Kommen in diese Welt ist erst dann für uns wichtig, wenn wir wissen: Gott liebt uns. Er will uns nahe sein. Wir bitten dich:
3. Kind:	Laß uns Freude bringen zu denen, die traurig und einsam sind.
Alle:	Herr, hilf uns, die Welt zu verwandeln!
4. Kind:	Laß uns Hilfe bringen zu denen, die arm und hungrig sind.
Alle:	Herr, hilf uns, die Welt zu verwandeln!
5. Kind:	Laß uns Hoffnung bringen zu denen, die mutlos und verzweifelt sind.
Alle:	Herr, hilf uns, die Welt zu verwandeln!
6. Kind:	Laß uns Frieden bringen zu denen, die sich zanken und streiten.
Alle:	Herr, hilf uns, die Welt zu verwandeln!
7. Kind:	Laß uns Liebe bringen zu denen, die verachtet und verstoßen werden.

Alle: Herr, hilf uns, die Welt zu verwandeln!

Priester: Herr, gib uns offene Augen und Ohren, damit wir die Not der Menschen erkennen. Mache uns bereit, mit Herz und Hand zu helfen. Herr, nur so können wir mit dir handeln und die Welt verwandeln. Amen.

Gabengebet
Gott, wir haben dir unsere Gaben gebracht. Wenn wir heute andere beschenken und frohmachen, dann bringen wir Jesus Geschenke dar. Laß uns mit Jesus zu Boten deiner Liebe werden und mithelfen, die Welt zu verwandeln. Hilf du uns dazu durch Jesus Christus, deinen Sohn, der allen Menschen ein Bruder geworden ist. Amen.

Präfation
Wir danken dir, großer Gott. Du bist ein guter und menschenfreundlicher Gott. Du liebst uns, deshalb bist du in Jesus Christus zu uns gekommen. Durch ihn hast du uns Licht und Wärme, Frieden und Freude, Hoffnung und Rettung, Heil und Leben geschenkt. Dafür danken wir dir. Mit allen Engeln und Heiligen singen wir zu deinem Lob:
Heilig, heilig, heilig, ...

Schlußgebet
Gott, du hast uns Jesus Christus, deinen Sohn, geschenkt. Er ist unser Bruder geworden. Wir danken dir dafür. Er macht uns untereinander zu Brüdern und Schwestern. Laß uns mit Jesus nahe sein allen, die einsam und traurig, arm und hungrig sind. Gib du uns deine Kraft dazu. Laß uns von hier weggehen und erzählen und tun, was wir gesehen und gehört haben. Amen.

Macht Frieden möglich

Vorzubereiten:
Aufkleber mit der Aufschrift „Macht Frieden möglich" (Deutsches Sekretariat der Pax Christi-Bewegung, Windmühlenstr. 2, 6 Frankfurt 1)
Transparent von Kindern malen lassen, auf dem zwischen Waffen, die blühen, zu lesen ist: „Sagt Nein zum Krieg, aber sagt es mit Blumen")

Einführung

Immer wieder zanken und streiten wir uns. Oft wird ein richtig kleiner Krieg daraus. Erwachsene kämpfen mit anderen Waffen als Kinder.
Aber auch sie hassen, streiten und führen Krieg. Deshalb ist es gut, wenn wir uns einander den Frieden wünschen. Wir sind zusammengekommen, um uns den Frieden durch Gott schenken zu lassen und um uns die Kraft zu holen, Frieden zu schließen untereinander und mit allen Menschen.
Die Liebe Gottes des Vaters, die Gemeinschaft des Heiligen Geistes und der Friede Christi sei allezeit mit euch!

1. Kind: In unserer Welt gibt es Unfrieden, Krieg, Terrorismus, Raub und Mord. Menschen sind rücksichtslos, gehässig und böse. Sie beleidigen sich und tun einander weh. Herr, du kamst, um uns den Frieden zu bringen.

Lied: Herr Jesus, du bist unser Friede ... (GL 495/6)

2. Kind: In unserer Welt gibt es Kriege. Panzer rollen, Schüsse fallen, Häuser brennen, ganze Städte werden zerstört. Menschen müssen flüchten, andere werden erschossen, gefoltert oder getötet.
Herr, du kamst, um uns den Frieden zu bringen.

Lied: Du bringst uns die Vergebung des Vaters ... (GL 495/6)

3. Kind: In unserer Welt, in unserer Schule, in unserer Familie, in unserer Stadt gibt es Lüge, Zank, Streit, Rache, Neid und Eifersucht.
Herr, du kamst, um uns den Frieden zu bringen.

Lied: Herr Jesus, du rufst uns, dir zu folgen ... (GL 495/6)

Priester: Herr, wir brauchen den Frieden. Wir hungern nach Frieden, Freude und Glück. Vergib uns allen Unfrieden und mache uns bereit, Frieden zu halten und Frieden zu stiften, wo andere sich bekriegen. Amen.

4. Kind: Die Angst vor Streit und Haß und Krieg
läßt viele oft nicht ruhn.
Doch wenn man Frieden haben will,
muß man ihn selber tun.

Der Friede wächst, wie Rosen blühn,
so bunt, so schön und still.
Er fängt bei uns zu Hause an,
bei jedem, der ihn will.

Vom Frieden reden hilft nicht viel,
auch nicht, daß man marschiert.
Er kommt wie Lachen, Dank und Traum,
schon wenn man ihn probiert.

Man braucht zum Frieden Liebe,
natürlich auch Verstand,
und wo es was zu heilen gibt:
da braucht man jede Hand.[8]

Gebet

Gott, du bist ein Gott des Friedens. Um uns und in uns aber gibt es viel Unfrieden. Du hast Jesus, deinen Sohn, zu uns gesandt, um uns den Frieden zu bringen. Er ist unser Friede. Laß uns von ihm lernen, Frieden zu halten und Frieden zu stiften, damit dein Reich kommt und unser Leben gut und schön wird. Amen.

Evangelium

Viel Volk lief zusammen. Die Leute aus den Städten und Dörfern strömten zu Jesus. Jesus erzählte von Gott und seinem Reich in Gleichnissen, in Form einer Bildrede. Er sagte: Ein Bauer ging auf sein Feld, um zu säen. Als er den Samen auswarf, fiel einiges auf den Weg und wurde zertreten. Vögel kamen und pickten die Samenkörner weg. Andere Samenkörner fielen auf harten, felsigen Boden. Sie wuchsen schnell auf, konnten aber keine Wurzeln schlagen. Darum waren sie wieder schnell welk und trocken. Andere Samenkörner fielen beim Säen unter die Dornen. Sie wuchsen auf, aber die jungen Pflanzen wurden von den Dornen erstickt. Einige Samenkörner aber fielen auch in die gute Erde. Sie wuchsen auf, wurden reif und brachten hundertfache Frucht. Als Jesus dieses Gleichnis zu Ende erzählt hatte, rief er: „Wer Ohren hat, um zu hören, der höre gut zu!"
(Lk 8, 4-8)

Ansprache

Tistou, ein kleiner, blonder, französischer Junge, war der Sohn eines Waffenfabrikanten. Tistou war besonders begabt. Das bemerkte ein alter Gärtner, als Tistou Blumentöpfe mit Erde füllte und diese mit seinen Daumen festdrückte. Schon nach kurzer Zeit blühten in diesen Töpfen herrliche Blumen. „Zeig mir doch mal deine Daumen", sagte der alte Gärtner, und er nahm Tistous Finger in

8 Aus: Kurt Finger, Religionsbuch 3, Donauwörth 1973, 98.

seine großen, rotbraunen Hände. „Mein Junge, du bist besonders begabt. Du hast grüne Daumen. Das ist etwas Außergewöhnliches. Deine Daumen sind ein Geschenk des Himmels.“ „Wieso grüne Daumen?“ fragte Tistou ganz verdutzt. „Ich meine, die wären rosa und jetzt sogar fast schwarz.“ „Du hast ein verborgenes Talent“, sagte der Gärtner. „Deine grünen Daumen sind verborgen.“ „Wozu ist denn das gut?“ wollte Tistou wissen. Der Gärtner schaute ihn nachdenklich an. Er sagte: „Überall gibt es Samenkörner, nicht nur in der Erde. Sie liegen verstreut auf Fensterbänken, auf Bürgersteigen, an Zäunen und an Wänden. Man bemerkt sie oft gar nicht. Und manchmal warten sie auf einen Windstoß, der sie in die Erde fegt. Manche Samenkörner sterben einfach, weil sie in Ritzen festsitzen und vertrocknen. Sie können sich nie in Blumen verwandeln. Wenn aber ein grüner Daumen diese Samenkörner berührt, dann kommen sofort herrliche Blumen heraus. Den Beweis hast du vor dir. Schau dir die blühenden Blumen an.”
Am nächsten Tag ging Tistou mit seinem Privatlehrer durch die Stadt. Er sollte Ordnungen und Gesetze kennenlernen. Tistou aber hatte keine Lust zuzuhören. Ordnung ist, dachte er, wenn man zufrieden ist. „Wer Unordnung anrichtet, der kommt ins Gefängnis“, sagte der Lehrer. „ Hier siehst du ein großes Gefängnis.“ Tistou war erschrocken. Er sah eine riesengroße, graue Mauer ohne Fenster. Er sah ein schwarzes Gitter mit ekelhaften Spitzen darauf und Stacheldraht. „Warum gibt es hier eine so häßliche Mauer mit Spitzen und Stacheldraht?“wollte Tistou wissen. „Damit die Gefangenen nicht ausreißen“, sagte der Lehrer. “Vielleicht würden sie gar nicht versuchen davonzulaufen, wenn das Gefängnis schöner wäre“, meinte Tistou.
Abends überlegte er, wie er den armen Gefangenen helfen könnte, wie er mit seinem Talent diesen Menschen Freude bringen könnte.
Als alle im Haus schliefen, lief er zum Gefängnis. Mit seinen Daumen drückte er auf die große Mauer, auf Gitterstäbe, auf Schlösser, auf Türen, überall, wo seine Daumen nur hinkommen konnten. Und am nächsten Tag war das Gefängnis über und über mit Blumen besät. Die Gitter waren bewachsen mit wilden Rosen, mit Weißdorn und anderen Blumen. Kein Fenster, kein Gitter, kein Stacheldraht war mehr zu sehen. Die Gefangenen wurden froh und zufrieden. Selbst die bösartigsten Gefangenen nahmen friedliche Gewohnheiten an und vertrugen sich miteinander. „Ich habe eine ganz wichtige Sache entdeckt“, sagte Tistou zum alten Gärtner. „Weißt du, was Blumen tun? Blumen stiften Frieden, und sie verhindern, daß das Böse sich entwickelt.“
Am nächsten Tag rannte Tistou in ein Wohnviertel am Stadtrand. Er wußte, daß dort das Elend hauste. Die Wege waren eng und schmutzig, die Häuser verfallen. Risse waren in den Wänden, und die Türen waren mit Pappe und Konservenbüchsen geflickt. Sauber gefegte Bürgersteige gab es in diesem Stadtviertel nicht. Grüner Rasen wäre sicher gut für die Wege, dachte Tistou. Kletterrosen und Ackerwinden könnten vielleicht die zerfallenen Mauern stützen und schmücken. Tistou berührte alles Häßliche mit seinen Daumen. „Na, morgen

werden sie wenigstens ein paar Blumen haben", sagte er, als er beobachtete, wie ein Mann seine Frau schlug und ein weinendes Kind davonlief. „Elend macht die Menschen böse", sagte er, „und Krieg ist da, wo die Freude fehlt." Am nächsten Tag meldeten alle Zeitungen, daß sich das Elendsviertel am Stadtrand in ein Blumenmeer verwandelt habe. Alles Häßliche war überwachsen mit blühenden, schönen Blumen. Rasenbeete und Rosen machten das Stadtviertel so schön, daß viele Besucher kamen, die nun natürlich Eintritt zahlen mußten. Damit kehrte das Glück in dieses Stadtviertel ein.

Tistou war glücklich, daß er ein Talent hatte, mit dem er so vielen Menschen Freude machen konnte, daß er sie gut und glücklich machen konnte, daß er Frieden und Freude stiften konnte. Immer wieder fielen ihm neue Möglichkeiten ein, wo er ausgestreuten Samen zum Blühen bringen konnte, wo die Welt durch ihn freundlicher und schöner werden konnte.

Eines Tages ging Tistou ins Krankenhaus. Er besuchte ein 12jähriges Mädchen, das traurig war und schon lange im Bett lag. Das Mädchen hatte keine Freundinnen. Es hatte auch keine Freude. Das Mädchen wird nur dann gesund, dachte Tistou, wenn es Freude erlebt, wenn es sich auf etwas freuen kann. Eine Blume kann da bestimmt helfen. Blumen leuchten und duften. Blumen lassen die Krankheit vergessen. Tistou berührte alles mit seinen Daumen. Als er den Arzt traf, sagte er: „Heute habe ich gelernt, daß Medizin nicht viel helfen kann, wenn das Herz traurig ist. Gibt es eigentlich keine Medizin, damit die Menschen froh und glücklich werden?" „Man muß die Menschen sehr lieben", sagte der Arzt. „Man muß alle Fähigkeiten und Möglichkeiten nutzen, um den Kranken richtig zu helfen, damit sie gesund werden." Tistou hatte sein Talent eingesetzt.

Am nächsten Tag war das Zimmer des kleinen Mädchens ein herrlicher Blumengarten. Das Mädchen freute sich. Es beobachtete die Blumen, vergaß die Krankheit und wurde wieder gesund.

Als Krieg ausbrach, säte Tistou heimlich Blumensamen in die Waffen, die sein Vater für beide Fronten liefern sollte. Er drückte mit seinen Daumen darauf. „Der Krieg ist eine Art Unkraut", dachte er. „Mit welchen Blumen kann ich ihn nur bekämpfen?" In der Waffenfabrik lief alles auf Hochtouren. Weil er den Leuten im Weg war, bekam er eine Ohrfeige. Tistou verzog sich und ging zum Gärtner. Abends aber, als die Fabrik wieder still war, da schlich er sich in die Fabrikräume und berührte alles mit seinen Daumen. Als die Waffen an der Front ankamen, waren sie bewachsen mit kletternden und rankenden Pflanzen. Maschinenpistolen waren mit Efeu und Wicken bewachsen. Auf beiden Seiten der Front blühten die gelieferten Waffen. Aus dem Stacheldraht wuchsen leuchtende und duftende Rosen. Mit blühenden Waffen aber kann man nichts anfangen. Mit blühenden Gewehren kann man keinen Krieg gewinnen. Panzer konnten nicht rollen, weil sie bewachsen waren mit dicken Büschen wilder Rosen, mit Weiß-und Rotdorn. Überall wucherten die Pflanzen und blühten die Blumen. Kampfunfähig lagen sich die beiden Armeen gegenüber.

Tistous Vater war ganz verzweifelt, als er hörte, daß seine Waffen blühten wie die Bäume im Frühling. Alle Geschäftsverbindungen wurden abgebrochen.
An den Fronten wurden abends Kanonen abgefeuert. Aber statt Granaten flogen Blumen durch die Luft. Ein Regen von Fingerhut, Glockenblumen und Veilchen. Auf der anderen Seite speiten die Kanonen: Rosen, Margeriten und Vergißmeinnicht. Mit Blumen kann man keine Schlachten gewinnen. Mit Blumen kann man kein Land erobern. Die Soldaten auf beiden Seiten waren fröhlich. Sie freuten sich über die schönen Rosen, die aus dem Stacheldraht wuchsen. Sie lachten, und damit war der Krieg zu Ende.
(Kinder kommen mit dem Transparent: „Sagt Nein zum Krieg, aber sagt es mit Blumen!")
Tistou hatte sein Talent eingesetzt, um Krieg zu verhindern. „Sagt Nein zum Krieg, aber sagt es mit Blumen!" schrieb Tistou auf große Spruchbänder. Die Waffenfabrik wurde in einen Blumenladen verwandelt.
„Sagt Nein zum Krieg, aber sagt es mit Blumen!"
Ich wünsche mir und allen, die hier sind, grüne Daumen, damit Blumen wachsen können, wo Menschen traurig, einsam und krank sind, damit Freude und Friede sprießt, wo Menschen gefangen sind, wo sie im Elend hausen müssen oder wo sie ausgestoßen sind. „Sagt Nein zum Krieg, aber sagt es mit Blumen!", damit Waffen unbrauchbar werden und der Krieg verhindert wird. Schön wäre es, wenn wir alle unsere Fähigkeiten einsetzen würden, um Frieden zu stiften und Freude zu schenken. Ein Stück weit haben wir ja alle grüne Daumen. Wir haben viele Möglichkeiten, um Freude, Frieden und Glück zu schenken, um Krieg zu verhindern. Wir müssen unser Talent nur nutzen — wie Tistou — , um die Samenkörner der Liebe, des Friedens und der Freundschaft zum Blühen zu bringen.[9]

Fürbitten

Priester: Wir wollen Gott bitten um Frieden für alle Menschen, um Frieden für uns. Wir tun es mit den Worten des heiligen Franziskus: Herr, mach mich zu einem Werkzeug deines Friedens!

Alle: Herr, mach mich zu einem Werkzeug deines Friedens!

5. Kind: Herr, hilf mir, daß ich lieben kann, wo Menschen sich hassen, daß ich verzeihe, wo man sich beleidigt.

Alle: Herr, mach mich zu einem Werkzeug deines Friedens!

6. Kind: Herr, hilf mir, daß ich Freude bringe, wo Menschen alt, krank oder einsam sind, daß ich tröste, wo Menschen Kummer haben und weinen, daß ich Frieden bringe, wo Menschen sich zanken und streiten.

Alle: Herr, mach mich zu einem Werkzeug deines Friedens!

7. Kind: Herr, hilf mir, daß ich die Wahrheit sage, wo man sich irrt, daß ich den Glauben bringe, wo man zweifelt.

9 Nach Maurice Druon, Tistou mit den grünen Daumen, München 1972.

Alle:	Herr, mach mich zu einem Werkzeug deines Friedens!
8. Kind:	Herr, hilf mir, daß ich Hoffnung wecke, wo Menschen mutlos und verzweifelt sind, daß ich dein Licht anzünde, wo es dunkel ist.
Alle:	Herr, mach mich zu einem Werkzeug deines Friedens!

Gabengebet
Gott des Friedens, wir haben dir unsere Gaben Brot und Wein gebracht. Nimm uns mit diesen Gaben an, und laß sie uns zu Friedenszeichen werden.
Verwandle mit Brot und Wein auch unsere harten und steinigen Herzen. Laß dein Friedenswort in uns reiche Frucht bringen. Darum bitten wir durch Jesus Christus, unsern Herrn und Friedensbringer. Amen.

Präfation
Es ist gut und richtig, dich zu loben und dir zu danken, guter Gott, weil du uns Frieden geschenkt hast durch Jesus Christus, deinen Sohn.
Sein Friedenswort hast du in unsere Herzen gesät, damit es reiche Frucht bringe. Wir danken dir, daß durch ihn Frieden möglich ist, wo Menschen ihn wollen und ihn suchen.
Mit allen, die sich nach Frieden sehnen, und mit allen, die sich um Frieden bemühen, preisen wir dich und bekennen:
Heilig, heilig, heilig ...

Friedensgruß
Zum Zeichen dafür, daß wir uns bemühen wollen, Frieden zu machen und Frieden zu halten, schenken wir euch einen Aufkleber mit der Aufschrift: „Macht Frieden möglich." Wenn wir uns gemeinsam um den Frieden bemühen, dann werden wir Krieg verhindern, dann werden Blumen wachsen aus den Waffen, aus dem Stacheldraht, wie es der Aufkleber zeigt. „Sagt Nein zum Krieg, aber sagt es mit Blumen!"

Schlußgebet
Gott, wir haben das Mahl gefeiert, daß uns Frieden schenkt mit dir und untereinander. Wir danken dir dafür. Du hast dein Friedenswort neu in unsere Herzen gesät. Laß es aufgehen und viel Frucht bringen. Mache uns fähig und bereit, die Samenkörner der Liebe, des Friedens und der Freude unter uns zum Blühen zu bringen, damit dein Reich sich unter uns ausbreite und wir im Frieden miteinander leben können heute und an allen Tagen. Amen.

Gott ist uns in Jesus erschienen

Einführung

Wir feiern heute das Fest der Heiligen Drei Könige. Im Kalender aber — das habt ihr vielleicht auch gesehen — steht: Erscheinung des Herrn.
Erscheinung des Herrn! In diesem Gottesdienst wollen wir darüber nachdenken, was das für uns bedeutet.

1. Kind: Wißt ihr, wo Gott erscheint, und wann er einem erscheint?
2. Kind: Wißt ihr, wie Gott erscheint, und wozu er erscheint?
3. Kind: Wißt ihr, wem Gott erscheint?

Priester: Gott erscheint den Menschen in Jesus von Nazaret. Wo von Jesus etwas aufscheint oder durchscheint, da ist „Erscheinung des Herrn".

1. Kind: Gott erscheint da, wo Menschen im Namen Jesu zusammengekommen sind und tun, was er aufgetragen hat. Wo Menschen versuchen, wie Jesus zu leben und zu handeln, wo Menschen einander helfen, trösten und Freude schenken, da scheint etwas von Gott durch, da ist Erscheinung des Herrn.
2. Kind: Wo Menschen treu, wahrhaftig und gütig sind, da ist die Stelle, wo Gott durchscheinen kann, da ist Erscheinung des Herrn.
3. Kind: Wo Menschen sich Vergebung und Frieden schenken, wo sie einander dienen und füreinander sorgen, da scheint der Herr durch, da ist Erscheinung des Herrn.

Bußakt

Priester: Weil wir so oft verhindern, daß der Herr erscheinen kann, darum wollen wir um Vergebung bitten:

4. Kind: Herr, wir machen uns oft groß vor uns selbst und vor anderen. Wir denken nur an uns und reden viel von uns selbst, dadurch verhindern wir, daß du erscheinen kannst.

Lied: Herr, erbarme dich!

5. Kind: Herr, wir machen uns oft breit, wir drängen uns in den Vordergrund und schieben andere beiseite, dadurch verhindern wir, daß du durchscheinen kannst.

Lied: Christus, erbarme dich!

6. Kind: Herr, wir sind oft undurchsichtig und unwahrhaftig. Wir lassen deine Treue und Wahrheit, deine Liebe und Güte nicht durchscheinen, dadurch verhindern wir die Erscheinung des Herrn.

Lied: Herr, erbarme dich!

Gebet

Herr, du willst erscheinen bei uns und durch uns. Du erscheinst auf den Gesichtern der Armen und Hilfsbedürftigen, wenn wir ihnen helfen, du erscheinst in der Freude der Menschen, die wir lieben und beschenken, du erscheinst im Lächeln der Traurigen, wenn wir sie trösten. Laß uns etwas von deiner Güte und Liebe durchscheinen lassen, da wo wir leben. Öffne du uns die Augen für dein Erscheinen auf den Gesichtern der Menschen, in den Taten der Liebe und hier im Gottesdienst. Amen.

Evangelium

Priester: Als Jesus in Betlehem geboren war, da kamen weise Männer aus dem Morgenland nach Jerusalem und fragten:

1. König: „Wo ist der neugeborene König der Juden? Wir haben seinen Stern gesehen und sind gekommen, um ihn zu ehren."

Priester: Als König Herodes das hörte, da erschrak er und ganz Jerusalem mit ihm. Er rief alle Hohenpriester und Schriftgelehrten zusammen und erkundigte sich bei ihnen:

Herodes: Wann und wo wurde der König der Juden geboren? Steht etwas davon in den Heiligen Schriften? Sagt es mir!

Priester: Sie antworteten: „Beim Propheten Micha steht geschrieben: Du Betlehem, du bist keineswegs die geringste Stadt in Judäa, denn aus dir kommt der Fürst, der Israel befreien wird."
Da ließ Herodes die Weisen heimlich zu sich kommen und fragte sie:

Herodes: Wann ist euch der Stern erschienen? Wann und wo habt ihr ihn zum erstenmal gesehen?
Geht nach Betlehem! Sucht das Kind, und wenn ihr es gefunden habt, gebt mir sofort Bescheid! Ich will dann auch kommen, um es zu ehren.

Priester: Die drei Männer hörten mehr aus des Königs Mund, als ihm lieb war. Sie gingen weiter, und siehe da: Der Stern, der sie bisher geführt hatte, war wieder da. Sie waren froh, daß der Stern sie weiterführte. Genau über dem Ort, wo das Kind lag, blieb er stehen. Sie traten ein und fanden das Kind mit Maria, seiner Mutter. Sie beugten sich zur Erde, knieten vor dem Kind und beteten es an. Sie brachten ihm ihre Geschenke: Gold, Weihrauch und Myrrhe.
Die weisen Männer kehrten nicht mehr zu Herodes zurück. Sie gingen auf anderen Wegen wieder in ihr Heimatland zurück. (nach Mt 2,1—13)

Spiel

Lektor: In Betlehem war es still geworden. Die Hirten waren zu ihren Herden zurückgekehrt. Maria und Josef waren mit ihrem Kind allein im dunklen Stall.

Es war später Abend. Nur eine kleine Stallaterne leuchtete noch in die Nacht. Da hörten Maria und Josef plötzlich Schritte, und dann sahen sie die Umrisse von drei Gestalten. Sie kamen näher und näher. Drei Männer kamen zum Stall.

1.—3. König: „Guten Abend!"

1. König: Wir haben das Licht gesehen. Es hat uns hierhin geführt.

2. König: Ein Licht ist uns aufgegangen. Der Stern unseres Lebens ist uns erschienen. Wir sind dem Stern gefolgt. Er hat uns hierhin geführt.

Josef: Wer seid ihr denn? Kommt herein!

3. König: Wer wir sind? Wir sind Suchende!
Wir sind lange unterwegs. Wir suchen einen König, einen Stern. Wir suchen das Licht der Welt, das Glück unseres Lebens.

1.—3. König: Ah ... (wie aus dem Mund)
da liegt ja ein Kind!

Maria: Das Kind ist erst einige Tage alt. Am 25. Dezember ist es hier im Stall geboren. In Betlehem war kein Platz für uns.

1. König: Ein Kind! — Kommt, laßt uns vor diesem Wunder die Knie beugen. (Alle drei beugen sich vor dem Kind)
Jedes Kind ist ein Wunder, ein Wunder des Lebens und der Liebe.

Maria: Ja, dieses Kind ist ein Wunder der Liebe und Güte Gottes. Gottes Liebe und Güte erscheint in ihm.
Erscheinung des Herrn.

2. König: Gottes Güte und Liebe erscheint in einem Kind? — in einem Kind auf Stroh? Erscheinung des Herrn in einem Kind?
Das ist ein Lichtblick!
Ob wir mit diesem Kind unser Leben nicht neu beginnen sollen? Ob wir mit diesem Kind nicht eine ganz neue Welt anfangen sollen? Mit ihm könnten wir eine Welt gestalten, in der Gottes Güte und Liebe sichtbar wird!

1. König: Ja, Gottes Güte und Liebe, die in diesem Kind erschienen ist, muß zum Mittelpunkt der Welt gemacht werden.

2. König: Es ist zum Heulen! Begreift ihr das? In einem kleinen hilflosen Kind, das auf Stroh liegt, erscheint Gottes Güte und Liebe! Kann Gott denn nur in den Kleinen aufscheinen, am Rande der Welt, in einem Stall? Geben wir Menschen ihm keinen anderen Platz, wo er erscheinen kann?

1. König: Wir müssen es allen weitersagen: Gottes Güte und Liebe ist unter uns erschienen. Gott ist erschienen in einem Kind.
Erscheinung des Herrn!

Josef: Woher kommt ihr? Warum kommt ihr ausgerechnet nach Betlehem?

3. König: Mein Leben war dunkel und traurig. Ich war mutlos und enttäuscht. Alles habe ich angezweifelt. Ich wollte nichts mehr glauben, keinem mehr Vertrauen schenken. Niemand hat mich geliebt, keiner hat mich getröstet. Da habe ich mich selbst zum Mittelpunkt gemacht. Da wurde mein Leben noch finsterer.
Plötzlich leuchtete in der Dunkelheit ein kleines Licht auf. Ein heller Stern strahlte in weiter Ferne. Ich bin ihm nachgelaufen. Und immer, wenn es hoffnungslos dunkel wurde in meinem Leben, leuchtete dieser Stern wieder auf.
Der leuchtende Stern hat mir immer wieder in der Dunkelheit die Richtung meines Lebens gezeigt. Wir drei trafen uns in völliger Dunkelheit. Wir sprachen miteinander über unser Leben, über Weg und Ziel unseres Lebens. Da merkten wir, daß wir drei hinter demselben Licht her waren, daß wir demselben leuchtenden Stern folgten. Da freuten wir uns sehr.

2. König: Wir ließen uns gemeinsam führen vom Licht des Sternes, der aufgegangen war über unserem dunklen Leben. Wir folgten diesem Funken Hoffnung, der uns den Weg zeigte durch jede Nacht.

3. König: Jetzt sind wir beim Stern unseres Lebens angekommen. Gottes Güte ist uns aufgeleuchtet in diesem Kind. Gottes Liebe ist uns erschienen in diesem Kind auf Stroh, auf dem leeren Stroh unserer Welt. Erscheinung des Herrn!

1. König: Gottes Güte und Liebe will allen Menschen erscheinen. Wir müssen sie jetzt durchscheinen lassen, — jeder von uns — damit die ganze Welt feiern kann: Erscheinung des Herrn!

Musik

Fürbitten

Priester: Gott, du erscheinst in der Dunkelheit unseres Lebens wie ein helles Licht, wie ein leuchtender Stern, wie ein leises Wort.
Wir bitten dich:

7. Kind: Hilf, daß wir dich nicht überhören in den leisen Stimmen, die wir so gern und leicht überhören.

Lektor: Gott, du erscheinst nicht großmächtig, du erscheinst vielmehr in kleinen Zeichen, in einem Gruß, in einem Lächeln oder in einer Träne.

8. Kind: Hilf, daß wir dich nicht übersehen in den kleinen, unscheinbaren Zeichen.

Lektor: Gott, du erscheinst auf Stroh, nicht auf Teppichen. Du erscheinst in einem Stall, nicht in einem Königspalast, du erscheinst in Armut, du erscheinst in der Nacht.

9. Kind: Gott, hilf uns, daß wir dich nicht abweisen, weil wir dich so ganz anders erwarten.

Priester: Gott, du erscheinst in unserer Welt. Du erscheinst uns in allen Armen, Ausgestoßenen und Hilflosen. Du erscheinst in der Geschichte unseres Lebens und unserer Welt. Laß uns dich erkennen. Amen.

Gabengebet

Herr, schau auf die Gaben, die wir dir darbringen. Wir bringen kein Gold, keinen Weihrauch und keine Myrrhe. Wir bringen Brot und Wein, unscheinbare Zeichen, in denen du aber deine Liebe und Güte aufleuchten lassen willst. Nimm uns mit diesen Gaben an und laß deine Güte immer wieder neu in uns aufscheinen. Amen.

Präfation

Wir danken dir, verborgener Gott.
Du erscheinst durch alles hindurch.
Du erscheinst auf den Gesichtern der Menschen,
am deutlichsten aber bist du uns erschienen auf
dem Antlitz Jesu von Nazaret.
Deine Liebe und Güte ist erschienen in einem Kind auf Stroh.
Deine Güte scheint immer neu auf, mitten unter uns,
sie scheint auf in allen Heiligen. Du bist die Güte und
Liebe selbst. Wir preisen dich, verborgener Gott, mit
allen Engeln und Heiligen und rufen voll Freude:
Heilig, heilig, heilig ...

Schlußgebet

Gott, Jesus, dein Sohn ist uns als leuchtender Stern erschienen. Er zeigt uns den Weg zu dir. Wir haben „Erscheinung des Herrn“ gefeiert. Du, die Güte selbst, bist uns erschienen in Jesus von Nazaret. Im Zeichen von Brot und Wein hast du uns heute wieder neu Jesus, deine Liebe und Güte, geschenkt. Dafür danken wir dir. Gib, daß wir Jesus zum Mittelpunkt unseres Lebens machen und ihn durchscheinen lassen, überall, wo wir heute sind. Amen.[10]

[10] Dieser Gottesdienst orientiert sich an: Wilhelm Willms, Aus der Luft gegriffen, a.a.O., 166—173.

Jesus ist unser Licht – wir sollen Licht für andere sein

Vorzubereiten:
Kerzen für alle Kinder

Einführung

Wir feiern heute Lichtmeß. Lichtmeß heißt eigentlich nichts anderes als Lichter-Messe. An diesem Tag standen die Christen früher mit brennenden Kerzen um den Altar, so daß es eine richtige Lichter-Messe war. Heute wollen wir auch ein Lichterfest, eine Lichter-Messe feiern.
Wir feiern heute den Tag, an dem Jesus wie ein helles Licht in diese dunkle Welt gekommen ist. Maria und Josef haben Jesus, das Kind, in den Tempel gebracht. Simeon, ein alter frommer Mann, erkennt, daß dieses Kind das große Licht ist für die ganze Welt, das Licht für alle Völker.

Evangelium

In Jerusalem lebte ein alter frommer Mann. Er hieß Simeon. Er wußte noch nicht, daß Jesus geboren war. Jeden Tag ging er in den Tempel, um zu beten. Er dachte bei sich: Wenn er erst da ist, der große König, der uns helfen wird, dann wird sich die ganze Welt freuen. Er wird das große Licht sein für die dunkle Welt. Er wird uns aus aller Dunkelheit und Finsternis retten. Eines Tages geht Simeon wieder in den Tempel. Auf den Armen seiner Mutter erblickt er das Jesuskind. Freude erfüllt sein Herz. Er nimmt das Kind in seine Arme und spricht zu Gott: Ich danke dir, Gott! Meine Augen haben Jesus, das Heil der Welt, den guten Freund aller Menschen, gesehen. Jesus ist das große Licht für die ganze Welt, das Licht für alle Völker. (nach Lk 2, 22–23)
Das Wort der Frohen Botschaft mache unser Leben hell!

Lektor:
Simeon erkennt, daß das Kind Jesus ein großes Licht ist für die Welt, Licht für alle Völker. Jesus hat später von sich gesagt: „Ich bin das Licht der Welt." Jesus ist das Licht der Welt. Darum haben wir uns um die brennende Osterkerze versammelt. Die Osterkerze ist ein Zeichen, ein Symbol, für Jesus Christus, der das Licht der Welt ist. Alles Böse in der Welt: Schuld, Sünde, Trauer, Egoismus, Angst und Tod werden mit der Finsternis verglichen. Wie das Licht die Finsternis vertreibt, so hat Jesus alles Böse, die Sünde und den Tod überwunden. Weil Jesus Licht und damit Leben und Wärme in diese dunkle und kalte Welt gebracht hat, wollen es die Christen mit ihm tun. Darum werden am heutigen Tag Kerzen geweiht. Sie sollen uns daran erinnern, daß wir wie Jesus Licht in diese dunkle Welt bringen sollen.

Kerzenweihe

Jesus Christus, du bist das Licht, das in diese Welt gekommen ist. Du willst unser Leben hell und froh machen. Du willst durch uns leuchten und durch uns Licht für andere sein. Wir bitten dich: Segne diese Kerzen. So wie ihr Licht leuchtet und alle Dunkelheit hell macht, so mache du hell unsere Herzen und hell unser Leben. Diese Kerzen sollen für uns ein Zeichen deiner und unserer Liebe sein. Laß uns zu denen gehören, die dich einmal in deinem Licht für immer sehen dürfen. Amen.

Priester:

Die Osterkerze ist das Sinnbild für den auferstandenen Christus. Darum zünden wir unsere Kerzen an der Osterkerze an. Wir wollen das Licht von Jesus Christus annehmen und es einander weitergeben, damit das Licht Christi zu allen kommt, die hier versammelt sind.
(Kerzen werden an der Osterkerze entzündet.)
Wir setzen uns und hören, was uns einige Kinder über das Licht sagen wollen:

Licht-Meditation

1. Kind: Es ist schön, in eine brennende Kerze zu schauen. Dabei kommen uns viele Gedanken zum Licht.

2. Kind: Das Licht ist ein Geheimnis. Es erinnert uns an Gott, von dem alles Licht kommt. Es erinnert uns auch an Jesus Christus, der Licht vom Lichte Gottes ist, der von sich sagt: „Ich bin das Licht der Welt!"

3. Kind: Jesus sagt auch: „Ihr seid das Licht der Welt!" Das Licht ist eine Frage an uns. Sind wir wirklich Licht für andere?

Liedruf: Du bist das Licht, die Völker zu erleuchten ... (GL 148/7)

Prozession zur Taufkapelle / zum Taufbrunnen

Priester: Wir gehen jetzt zum Taufbrunnen, weil uns in der Taufe das erste Licht von Jesus Christus geschenkt wurde.

Taufkapelle (Erklärung der Taufkerze)

4. Kind: Licht ist ein Zeichen des Lebens. Licht macht alles hell und froh. Manchmal geht uns ein Licht auf, dann erkennen wir etwas viel besser. Licht schenkt uns Einsicht. Licht macht uns Mut und läßt uns vertrauen. Licht schenkt uns Hoffnung und läßt uns den rechten Weg finden.

Priester: Jesus sagt: „Ich bin das Licht der Welt!"

5. Kind: Jesus schenkt der Welt Leben. Er macht unser Leben hell und froh. Wenn er uns erleuchtet, gewinnen wir die richtige Sicht vom Leben. Er schenkt uns Einsicht, läßt uns alles viel tiefer und besser erken-

nen. Jesus macht uns Mut und schenkt uns Vertrauen. Er gibt uns neue Hoffnung. Er zeigt uns den Weg zu Gott.

Priester: Jesus sagt auch: „Ihr seid das Licht der Welt!"

6. Kind: Schenken wir anderen Leben? Machen wir anderen Menschen das Leben hell und froh? Machen wir anderen Menschen Mut? Schenken wir ihnen Vertrauen und Hoffnung?

Liedruf: Du bist das Licht, die Völker zu erleuchten ... (GL 148/7)

Prozession zum Tabernakel

Priester: Wir gehen zum Tabernakel. Dort brennt das ewige Licht, das uns an die Nähe Christi in unserer Welt erinnert.

Am Tabernakel (Erklärung des Ewigen Lichtes)

7. Kind: Licht schenkt Gemeinschaft. Ohne Licht sind wir einsam und allein. Ohne Licht können wir den anderen nicht sehen, ihn nicht kennenlernen. Licht macht es möglich, den anderen zu sehen und Freundschaft zu schließen.

Priester: Jesus sagt: „Ich bin das Licht der Welt!"

8. Kind: Jesus schenkt Gemeinschaft. Jesus läßt uns nicht allein. Er hat Zeit für uns. Er sieht und kennt uns. Jesus macht es möglich, den anderen zu sehen und Freundschaft zu schließen.

Priester: Jesus sagt auch: „Ihr seid das Licht der Welt!"

9. Kind: Schenken wir anderen Gemeinschaft? Lassen wir Menschen einsam und allein leben? Sehen wir die anderen Menschen? Öffnen wir uns den Blick füreinander? Sehen wir die Sorgen und Nöte der anderen? Machen wir Freundschaft möglich? Haben wir Zeit füreinander?

Liedruf: Du bist das Licht, die Völker zu erleuchten ... (GL 148/7)

Prozession zum Altar

Priester: Wir gehen zum Altar, dem Ort, wo wir immer wieder das Mahl feiern, das Jesus uns geschenkt hat, damit er Licht in unser Leben bringen kann und damit wir durch ihn zum Licht füreinander werden.

Am Altar

(Erklärung: Eucharistie = Dankfeier für das Licht, für Jesus ...)

10. Kind: Licht ist rein und wahr. Licht ist nicht für sich selbst da. Es ist selbstlos. Es schenkt sich her, läßt sich verzehren, um anderen zu leuchten. Licht erinnert uns an Brot. Brot läßt sich verzehren, um anderen Kraft und Leben zu geben.

Priester: Jesus sagt: „Ich bin das Licht der Welt!"

11. Kind: Jesus ist rein und klar. Er ist die Wahrheit. Er ist selbstlos. Er gibt

sein Licht, sich selbst, weiter. Er schenkt sich uns ganz. Jesus ist Brot für uns geworden. Er läßt sich verzehren, um uns Kraft und Leben zu geben.

Priester: Jesus sagt auch: „Ihr seid das Licht der Welt!"

12. Kind: Bin ich rein und wahr? Gebe ich das Licht Christi weiter? Schenke ich mein Leben her, um andere glücklich zu machen? Lasse ich mich verzehren, um anderen das Leben zu ermöglichen?

Liedruf: Du bist das Licht, die Völker zu erleuchten ... (GL 148/7)

Gabengebet

Guter Gott! Wir haben dir Brot und Wein gebracht. Nimm uns mit diesen Gaben an und verwandle uns in Menschen, die nach dem Beispiel Jesus Licht in diese dunkle Welt bringen. Laß uns dort, wo wir leben, die Welt hell und warm machen durch Jesus Christus, der Licht für diese dunkle Welt ist. Amen.

Präfation

Es ist gut und richtig, dir, guter Gott, immer und überall zu danken. Besonders danken wir dir für Jesus Christus, deinen Sohn, der als Licht in unsere dunkle Welt kam. Durch seinen Tod und durch seine Auferstehung hat er uns befreit aus der Dunkelheit der Sünde und aus der Nacht des Todes. Durch ihn und mit ihm können wir zum Licht für andere werden. Mit allen, die in seinem Licht leben, preisen wir dich, großer Gott, und bekennen zu deinem Lob:
Heilig, heilig, heilig, ...

Schlußgebet

Gott, Jesus, dein Sohn, ist das große Licht für diese dunkle Welt. Er ist gekommen, um unser Leben hell und froh zu machen. In seinem Licht können wir den Weg finden, der zum wahren Leben führt. Wir danken dir, daß du uns Jesus, das Licht der Welt, geschenkt hast. Laß uns durch ihn zum Licht werden für andere, damit es hell und warm wird, dort wo wir leben. Laß dein Licht in uns und durch uns leuchten, heute und an allen Tagen. Amen.

Sterben, um zu leben

Vorzubereiten:
Einen großen Kübel mit dunkler Gartenerde, der vor dem Altar steht. Kleine Blumentöpfe mit Erde für alle Teilnehmer und Fresienzwiebeln.

Einführung

Priester: Hier in der Mitte steht ein großer Kübel mit dunkler Gartenerde.

Kind: Was soll denn dieser Dreck hier im Gottesdienst?

Priester: Dreck sagst du! Wir reden oft sehr geringschätzig von unserer Erde. Wir beachten die kostbare Erde sehr wenig. Wir treten mit unseren Füßen darauf. Dabei ist die Erde ein kleines Wunderwerk, ein Geschenk Gottes.

Kind: Wenn wir in den Dreck fallen und uns die Kleider schmutzig machen, dann gibt es in der Familie jedesmal Krach.

Priester: Wenn man aber Samenkörner in den Dreck, in die dunkle, lockere Erde wirft, dann geschieht damit ein Wunder. Die Erde nimmt die Samenkörner auf, aber nicht, um sie für sich zu behalten, sondern um sie zu verwandeln und fruchtbar zu machen.
Damit das neue Leben wachsen, sprießen, sich entfalten kann, muß das Korn seine Kraft, sein Leben abgeben. Es muß sterben, damit neues Leben entstehen kann.
Die Erde nimmt etwas auf, das zunächst trocken und tot aussieht, verwandelt es und schenkt es neu, lebendig und fruchtbar den Menschen zurück. Das ist wunderbar. Darum werfen Menschen immer wieder etwas in den Dreck, vertrauen es der Erde an, in der Hoffnung, daß sie es neu, verwandelt, lebendig zurückbekommen.

Kind: Gott, wir danken dir, daß du uns die fruchtbare Erde geschenkt hast. Sie trägt und ernährt uns. Sie schenkt uns immer wieder neues Leben.

Kind: Gott, du hast uns die fruchtbare Erde geschenkt. Sie dient uns. Sie gibt uns köstliche Früchte und viele bunte Blumen. Dafür danken wir dir.

Bußakt

Kind: Gott, die fruchtbare Erde ist aber auch in Gefahr durch uns. Wir wollen immer mehr Straßen und breitere Autobahnen. Damit aber decken wir die Erde zu mit Beton und Asphalt. Damit machen wir die Erde unfruchtbar und tot.

Lektor: Gott, die fruchtbare Erde ist in Gefahr durch uns. Wir vergiften und verschmutzen sie. Wir kaufen Unkrautvernichter und viele Reinigungsmittel, die unsere Erde vergiften und töten.

Kind: Gott, die gute, schöne Erde ist in Gefahr durch uns. Wir kaufen viele neue Sachen, viel mehr, als wir brauchen. Die Müllberge, Plastikhalden und Autofriedhöfe werden immer größer. Sie machen unsere Erde häßlich, unfruchtbar und tot.

Priester: Herr, erbarme dich! ...

Herr, verzeihe uns, wenn wir mit der Erde, die du uns geschenkt hast, nicht verantwortungsvoll umgegangen sind. Hilf uns, damit wir dafür sorgen, daß unsere Erde lebendig und fruchtbar bleibt. Amen.

Katechese

(Kinder mit gefüllten Blumentöpfen in der Hand stehen vorne)

Kind: Die Erde, die lebenspendende, fruchtbare Erde ist in unserer Hand. Wir schenken sie den Erwachsenen. Die Erwachsenen sind es doch, die diese Erde zunächst in der Hand haben. Ihnen ist sie geschenkt worden. Sie sollen verantwortlich damit umgehen. Ob sie das auch tun?

Musik: (Blumentöpfe verteilen)

Lektor: Die Erde, die wir in der Hand haben, ist eine Frage an uns: Gehen wir verantwortlich mit unserer Erde um?

Wie geben wir sie an die Kinder weiter?

Wird die Erde dann, wenn sie in die Hände der Kinder gelegt werden soll, frisch und kräftig, nahrhaft und fruchtbar sein? Oder wird sie ausgebeutet, zubetoniert, vergiftet und tot sein?

Mutter: Wir, die wir schon groß und erwachsen sind, wir haben die Erde in unserer Hand. Wir geben sie aber an euch Kinder weiter. Wir geben euch jetzt schon ein Stückchen dieser Erde in die Hand. Wir möchten euch eine gute, fruchtbare Erde in die Hand geben. Ob uns das gelingt?

Musik: (Erwachsene verteilen Blumentöpfe an die Kinder)

Vater: Wir möchten euch Kindern eines Tages eine gute, heile und fruchtbare Erde in die Hand geben. Damit uns das gelingt, müssen wir umkehren. Helft uns dabei! Unser Leben muß anders werden. Wir dürfen keine Energie mehr verschleudern, die Erde nicht mehr vergiften. Wir müssen mit den Rohstoffen sparsamer umgehen. Die Erde ist in unserer und in eurer Hand. Wir können diese Erde vergiften und töten.

Lektor: Wir können diese Erde aber auch hüten und pflegen. Wir können etwas hineinsäen oder pflanzen. Wenn wir das tun, dann werden wir sehen: Aus dieser Erde kommt neues Leben.

Priester:
Wir schenken euch jetzt eine Fresienzwiebel. Wenn ihr sie in die Tasche steckt, dann wird daraus nie neues Leben entstehen. Wenn ihr sie aber in die dunkle, feuchte Erde steckt, dann kann sie sich verwandeln, vermehren, neues Leben schenken. Aus dieser Zwiebel, die tot aussieht, kann eine schöne leuchtende Blume werden. Ihr müßt sie aber abgeben, sie der Erde überlassen, nur dann kann daraus neues Leben entstehen.
Schenkt der Erde und der Zwiebel, die ihr in die Erde steckt, eure Aufmerksamkeit. Sorgt für Licht, Feuchtigkeit und Wärme, und ihr werdet ein Wunder erleben!
Aber nicht nur in unseren Blumentöpfen soll ein Wunder geschehen, sondern auch an uns. Wir sollen uns in dieser österlichen Bußzeit verändern, verwandeln. Auch an uns und durch uns muß das neue Leben sichtbar werden. Aus dem Leid und dem Tod kommt neues Leben. Das ist eine frohe Botschaft, eine Osterbotschaft.
Die Zwiebel, die in die dunkle, feuchte Erde gelegt wird, muß sich verändern, aufplatzen, ihre Kraft abgeben, damit neues Leben die dunkle Erde durchbrechen kann und sich dem Licht entgegenstreckt. Damit wir neues Leben haben, damit wir sinnvoll und fruchtbar leben können, mußte Jesus sterben. Wie aus der begrabenen Zwiebel neues Leben kraftvoll und schön ans Tageslicht kommt, so schenkt auch Jesus uns durch seine Auferstehung neues Leben. Er kommt aus dem dunklen Grab neu und verändert hervor. Wenn wir mit ihm sterben, unsere Kraft und unser Leben abgeben für andere, dann dürfen wir auch mit ihm zu einem neuen Leben, zum ewigen Leben, auferstehen.

Evangelium
Jesus spricht mit seinen Jüngern über den nahen Tod. Er sagt: „Jetzt ist meine Stunde gekommen. Wenn das Weizenkorn nicht in die Erde fällt und stirbt, bleibt es allein und unfruchtbar. Wenn es aber stirbt, bringt es viele Frucht. Wer sein Leben liebt und festhalten will, der verliert es. Wer aber sein Leben verliert um meinetwillen, der wird ewiges Leben gewinnen.“ (Joh 12,23—25)

Kind: Ich verstehe das so: Wenn diese Fresienzwiebel ihr Leben festhalten und aufbewahren will, wenn sie nicht in die dunkle, feuchte Erde will, dann bleibt sie unfruchtbar und allein, dann verliert sie ihr Leben, dann wird sie nie verwandelt zu einer schönen Blume, die Duft und Freude schenkt, dann wird sie nie zu einem neuen Leben auferstehen.

Kind: Das heißt doch auch: daß ich mein Leben nicht festhalten, nicht aufbewahren soll, daß ich mich nicht schonen soll. Wenn ich mein Leben nicht verschenke und abgebe, dann werde ich unfruchtbar und allein bleiben, dann werde ich mein Leben verlieren.

Priester: Wer Leben gewinnen will, der muß wie Jesus den Menschen seine Liebe, seine Kraft, seine Zeit und Aufmerksamkeit schenken, der muß mit Jesus sterben, um mit ihm zu einem neuen Leben auferstehen zu können.

Fürbitten

Priester: Gott, unser Leben kann nur dann sinnvoll und gut sein, wenn es sich verändert, verwandelt, wenn es fruchtbar wird für andere. Wir bitten dich:

Kind: Hilf uns, daß wir verantwortungsvoll mit der Erde umgehen, die du uns in die Hand gegeben hast.

Kind: Gib, daß uns die Erde immer wieder daran erinnert, daß wir nichts für uns selbst behalten sollen, sondern mit unseren Kräften dem Leben dienen können.

Kind: Mache uns bereit, Licht, Heizung und andere Energie zu sparen, damit noch viele Menschen auf dieser Erde leben können.

Kind: Mache uns erfinderisch, wie wir dazu beitragen können, daß unsere Erde nicht vergiftet und unfruchtbar wird.

Kind: Mache uns bereit, auf unnötige Dinge zu verzichten, damit die Erde nicht verschmutzt und unfruchtbar wird.

Kind: Mache uns einsichtig, daß alles, was wir abgeben, worauf wir verzichten, anderen Menschen Leben schenkt.

Kind: Laß uns daran glauben, daß wir das Leben gewinnen, wenn wir es um deinetwillen verlieren.

Kind: Laß uns mit dir auferstehen zu einem neuen, unvergänglichen Leben.

Priester: Gott, mache uns bereit, zu teilen mit allen, die mit uns auf dieser Erde leben und unsere Hilfe brauchen. Mache uns bereit, auf viele Dinge zu verzichten für die, die nach uns leben, damit auch sie noch eine gute und fruchtbare Erde haben. Laß uns neues Leben säen heute und an allen Tagen. Amen.

Gabengebet

Gott, nimm uns mit diesen Gaben, mit Brot und Wein, an und laß uns Jesus, deinem Sohn, immer ähnlicher werden. Er hat sein Leben nicht festgehalten, sondern es hingegeben für uns alle. Durch seinen Tod hat er uns neues Leben geschenkt. Laß uns mit ihm leben und für andere dasein. Amen.

Präfation

Gott, es ist gut und richtig, dir zu danken für Jesus Christus, deinen Sohn. Wie

das Weizenkorn in die Erde kommt und dort stirbt, so mußte er um unseretwillen sterben, damit unser Leben neu und fruchtbar ist. Er hat uns gezeigt, daß der Sinn unseres Lebens nicht darin liegt, daß wir unser Leben festhalten und aufbewahren, sondern daß wir es nach seinem Beispiel hingeben für andere.
Mit allen, die durch ihn neues Leben haben, singen wir zu deinem Lob:
Heilig, heilig, heilig ...

Schlußgebet
Gott, wir danken dir für Jesus, deinen Sohn, der sich in dieser Feier an uns verschenkt hat, um unser Leben neu und fruchtbar zu machen. Laß uns aus seiner Kraft miteinander und füreinander leben, seine Kraft in uns wachsen, daß wir ihm immer ähnlich werden. Amen.[11]

Österliche Bußzeit

Leiden und trotzdem leben

Einführung

1. Kind: Ein siebenjähriges Mädchen, das auf dem Schulweg eine Straße überquerte, wurde von einem zu schnell fahrenden Wagen erfaßt und unter ein parkendes Auto geschleudert. Das Kind mußte schwerverletzt ins Krankenhaus gebracht werden.

2. Kind: Ein zehnjähriger Junge wurde von einem unbekannten Mann mißhandelt und gequält.

3. Kind: Ein neunjähriges Mädchen ist auf einer Baustelle erwürgt worden. Nachbarn fanden die Leiche des Mädchens nur wenige Straßen von der Wohnung entfernt.

Priester: Kaum vergeht ein Tag, an dem solche Nachrichten nicht in der Zeitung stehen. Wenn wir das lesen, fragen wir uns, warum muß ein Kind mit neun oder zehn Jahren auf so schreckliche Weise sterben? Warum läßt Gott das zu? Wenn Gott die Kinder liebte, dann müßte er sich doch um sie kümmern! Sind die Menschen nicht dumm, die an Gott glauben?

[11] Anregungen zu diesem Gottesdienst verdanke ich dem Entwurf „Eine Handvoll Erde“, in: Georg Kugler / Herbert Lindner, Neue Familiengottesdienste, Bd. 3, Gütersloh 1979, 55ff.

Diese Fragen sind nicht neu. Schon immer haben Menschen sie gestellt. Vor vielen hundert Jahren schrieb zum Beispiel einer:

Lesung
Die Gottlosen sprachen: Wir verfolgen den guten Menschen. Er ist uns lästig. Er zeigt uns unsere Fehler. Wir wollen ihn töten. Wenn es Gott gibt, dann wird Gott ihn retten. Wir wollen gemein und grausam gegen ihn sein. Er wird getötet. Wir wollen mal sehen, ob Gott hilft. (nach Weisheit 2,12.17—20)

Priester:
Die Menschen, die nicht an Gott glauben, wollen also beweisen, daß sie im Recht sind. Der Beweis läuft ganz einfach: Sie verlachen, verfolgen, quälen und töten die Gläubigen. Wenn es Gott gibt, dann kann er ja eingreifen. Aber das wird nicht geschehen, weil es Gott nicht gibt. Vielleicht werden einige klug und glauben dann nicht mehr an Gott. Auch der beste Mensch, den es je gab, mußte gewaltsam sterben: Jesus von Nazaret. Bei seinem Tod hat Gott auch nicht eingegriffen. Jesus wußte, daß es ihm so ergehen werde. Deshalb hat er seinen Jüngern auch folgendes gesagt:

Evangelium
„Ich muß nach Jerusalem gehen. Gott will es so. Dort werden sie mich gefangennehmen und töten. Ich muß sterben, aber Gott wird mich vom Tode erwecken. Am dritten Tage werde ich wieder leben. Ihr werdet mich sehen!" So spricht Jesus auch zu uns, seinen Freunden! (nach Mk 9,30ff)

Priester:
Die Gottlosen scheinen also recht zu behalten, selbst bei Jesus. Bis heute hat sich daran nicht viel geändert. Immer noch verhungern unschuldige Menschen, andere kommen zu Tode im Straßenverkehr oder im Krieg. Viele Menschen müssen furchtbar leiden, bevor sie sterben. Andere werden ermordet oder gequält. Geht die Rechnung der Gottlosen auf?
Das Merkwürdige ist: Viele Menschen geben nicht auf und lassen auch in ihrem Leid nicht von Gott. Im Gegenteil, gerade wenn der Tod vor ihnen steht, beginnen viele erst richtig zu beten und an Gott zu glauben. Diese Menschen handeln wie Jesus. Er hat am Kreuz, mitten in seinem größten Leid, im Sterben, zu seinem Vater gerufen. Er hat auf ihn gehofft, gegen alle Hoffnungslosigkeit. Er hat an die Liebe des Vaters geglaubt, auch als er sich ganz verlassen vorkam. Jesus hat an das Leben geglaubt, das stärker ist als der Tod. Er hat gehofft: Gott wird mich aus diesem Leid retten, er wird mich durch den Tod hindurch zum Leben führen. Es gibt keinen anderen Weg, um in diesem Leben mit Leid und Tod nicht zu zerbrechen. Jesus hat sich nicht getäuscht. Er lebt. Gott hat ihn aus dem Leid und aus dem Tod errettet. Gott hat ihm neues, ewiges Leben geschenkt. Die Macht der Gottlosen ist groß. Die Macht Gottes aber ist größer.

Gebet

Gott, viele Menschen glauben nicht an dich. Ihre Macht ist groß. Unter ihrer Macht mußte Jesus, dein Sohn, leiden. Er, der alle liebte, wurde abgelehnt von den Menschen. Verlassen und verspottet starb er am Kreuz. Du hast ihm das Leben neu geschenkt. Seine Auferstehung ist für uns ein Zeichen deiner großen Liebe, die mächtiger ist als alles Böse in dieser Welt. Deine Macht ist stärker als der Tod. Laß uns daran glauben und teilhaben am Leben deines Sohnes. Schenke allen, die unter Gewalt, Krieg und Hunger leiden, deine Nähe und die Hoffnung auf eine bessere, heile Welt. Amen.

Fürbitten

Priester: Gott, du bist nicht glücklich mit uns, wenn wir einander unglücklich machen. Es ist dir unerträglich, wenn wir einander umbringen und töten. Schenke uns deine Liebe und laß uns daran glauben, daß du das Leben willst und nicht den Tod, die Freude und nicht das Leid.

4. Kind: Auch wir Menschen sind oft unglücklich, weil es so schwer ist, friedlich miteinander zu leben. Wir sagen: Die Welt ist voll Streit und Haß.
Gib uns die Kraft, daß wir uns mit Mut und Hoffnung für den Frieden in der Welt einsetzen.

5. Kind: Wir sind oft traurig, weil in der Welt so viel Böses geschieht. Wir sagen: Die Welt ist voll Bosheit, voll Neid und Lüge.
Laß das Böse in uns aussterben, wie in Jesus die Sünde der Welt ausgestorben ist.

6. Kind: Viele Menschen leiden. Sie sagen: Es gibt keinen Gott. Die Welt ist voll Leid.
Schenke uns den Mut, ihnen zu helfen und das zu tun, was ihnen Trost und Hoffnung gibt für eine bessere Welt.

Priester: Gott, sei nahe allen Leidenden und laß sie glauben, daß du Leid und Tod überwinden wirst durch Christus, unsern Herrn. Amen.

Gabengebet

Gott, nimm diese Gaben von Brot und Wein an und schenke sie uns verwandelt zurück. Verwandle auch unsere Herzen, damit wir dich in unser Leben einlassen: nicht nur ein klein wenig, sondern ganz und gar, nicht nur ab und zu, sondern immer, nicht nur hier und da, sondern überall. Dann gibt es nichts Böses mehr zwischen uns Menschen. Dann werden wir frei von allem, was uns traurig macht. Dann bist du, Gott, ganz nahe bei den Menschen. Dann wird die Welt heil und gut. Dann sind die Menschen glücklich. Darum bitten wir durch Jesus Christus, deinen Sohn. Amen.

Präfation
Wir haben allen Grund, dich zu loben und dir zu danken, guter Gott. Wir danken dir für Jesus Christus, deinen Sohn, den du in diese Welt gesandt hast, um sie heil und gut zu machen. Er ist für uns ein Wegweiser mitten in unserer leidvollen Welt. Jesus diente den Menschen und ging in Leiden und Tod, um die Welt von ihren Leiden zu erlösen. Wir danken dir, daß du uns durch Jesus gezeigt hast, daß Ohnmacht, Leid und Tod nicht das Ende bedeuten. Durch seine Auferstehung hast du uns gezeigt, daß das Leben stärker ist als der Tod, daß die Liebe mächtiger ist als die Bosheit. Mit allen, die an dich glauben, preisen wir dich und bekennen:
Heilig, heilig, heilig ...

Friedensgruß
Wo Menschen sich einander das Leid abnehmen,
wo sie anderen das Leid tragen helfen,
wo sie einander trösten, helfen und heilen,
da entsteht Gottes Friede.
Gottes Friede sei allezeit mit euch!

Schlußgebet
Gott, wir danken dir für dieses Mahl und für die Kraft, die du uns geschenkt hast. Wir glauben, daß es dich gibt und du mit uns bist. Dieser Glaube macht uns froh und stark; denn du bist ein Gott, der uns Leben und Hoffnung schenkt durch Jesus Christus, unsern Freund und Bruder. Amen.

Misereorsonntag

„Geh hin zu deinem Bruder!"

Einführung
„Geh hin zu deinem Bruder!" ist das Thema unseres Gottesdienstes. Einige von euch denken jetzt: Mein Bruder, der sitzt doch hier in der Kirche neben mir. Zu dem brauche ich nicht erst hinzugehen. Was soll das? Ist mit „Bruder" ein anderer gemeint? — Andere denken: Ich habe doch gar keinen Bruder. Was soll diese Aufforderung? Unser Gottesdienst will eine Antwort auf diese Fragen geben. Ich wünsche euch, daß ihr diese Antwort hört und versteht.

1. Kind: Viele Menschen sind blind. Wer bringt ihnen Licht? Viele Menschen haben Angst. Wer steht ihnen bei, wer reicht ihnen die Hand?

Priester: Geh hin zu deinem Bruder!

Kind: Täglich verhungern viele Menschen. Wer deckt ihnen den Tisch? Wer reicht denen, die Durst haben, einen Trank?

Priester: Geh hin zu deinem Bruder!

Kind: Viele Menschen müssen flüchten. Viele leben im fremden Land. Wer gibt ihnen Heimat?
Viele sind verstoßen, ausgesetzt, obdachlos. Wer nimmt sie auf?

Priester: Geh hin zu deinem Bruder!

Kind: Wer bringt Frieden zu denen, die im Krieg leben? Wer schenkt denen, die sterben, das Leben?

Priester: Geh hin zu deinem Bruder!

Gebet

Gott, Jesus, dein Sohn, ist zu uns gekommen. Er ist unser Bruder geworden und hat uns alle zu Brüdern und Schwestern gemacht. Hilf uns, daß wir die Not der anderen sehen und bereit sind, hinzugehen und jedem Bruder zu helfen, der uns notwendig braucht. Laß uns in ihnen Jesus, unsern Bruder, erkennen. Amen.

Lektor: Jede Sekunde stirbt ein Mensch an Hunger oder an einer Krankheit, die geheilt werden könnte, wenn Nahrung, Medikamente, Ärzte, Schwestern und Kliniken zur Verfügung stünden.

2. Kind: Viele Kinder sind hungrig. Wir sind satt. Wir haben oft zuviel.
Viele Kinder sind krank und schwach. Wir sind gesund.
Viele Kinder sind nackt und bloß. Wir sind gut gekleidet.
Viele Kinder sind heimatlos, obdachlos, elternlos. Ihre Not ist riesengroß! Uns geht es gut!

Priester: Jesus wird sagen: „Ich war hungrig, und ihr gabt mir nichts zu essen. Ich war durstig, und ihr habt mir nichts zu trinken gegeben. Ich war heimatlos und fremd. Ihr habt mich nicht beherbergt. Ich war nackt, und ihr habt mich nicht bekleidet. Ich war krank und gefangen, und ihr habt mich nicht besucht. Was ihr einem meiner geringsten Brüder nicht getan habt, das habt ihr mir nicht getan“ (Mt 25,42ff).

Ansprache

Seit vielen Tagen ist der Vater arbeitslos. Im Sommer hat er auf einem Bau gearbeitet. In der großen Stadt Kalkutta baut im Augenblick niemand ein Haus. Jeden Morgen hört Arul den Vater zeitig weggehen. Der Vater sucht Arbeit. In der Hütte ist es kalt und naß. Arul drückt sich an den kleinen Bruder. Sie liegen zusammen auf einer Matte. Arul wickelt das alte Tuch fest um sie beide herum, dann schläft er wieder ein.

Auf einmal wacht Arul auf. Die Mutter schüttelt ihn sanft an der Schulter. Sie sagt: „Arul, steh auf und geh mit deinem Bruder auf den Schuttplatz. Ich brauche etwas zum Heizen."
Arul weckt den Bruder. Sie streichen ihre Kleider glatt und schlüpfen in ihre dünnen Jacken. Aus allen Lehmhütten kommen Kinder. Sie frieren in ihren dünnen Kleidern. Sie sind hungrig. Sie laufen zum Schuttplatz. Hier wühlen schon viele Kinder im Schutt. Arul findet ein Stück Pappe und eine halbe Schachtel. Da brummt ein Schuttwagen heran. Mit Arul laufen viele Kinder zum Wagen und wühlen im neuen Schutt. Arul erwischt ein Stück Holz und ein Stück Teerpappe. Im Weggehen stolpert er über einen Stoffetzen. Er zieht ihn heraus. Darüber wird sich die Mutter freuen. Damit kann sie eine Jacke flicken. Arul und sein Bruder bringen die Sachen heim.
Die Mutter kocht Bohnen. Reis und Mehl sind längst verbraucht. Arul setzt sich zur Großmutter auf die Matte. Er bittet sie: „Großmutter, erzähl mir von früher." Und die Großmutter erzählt: „Es war einmal ein Dorf. In diesem Dorf standen viele Hütten, und in einer dieser Hütten wohnten wir: deine Eltern, ich, du und dein kleiner Bruder. Deine kleine Schwester war damals noch nicht auf der Welt. Wir hatten Hühner und Enten und zwei Felder. Auf diesen Feldern baute dein Vater Getreide und Gemüse an. Im Sommer war es immer heiß und trocken, doch jedes Jahr kam zur rechten Zeit der Regen. Aber vor drei Jahren, da kam der Regen nicht rechtzeitig. Das Getreide wuchs nicht, das Gemüse vertrocknete, die Enten verdursteten und die Hühner wurden krank. Im Brunnen gab es fast kein Wasser mehr. Menschen und Tiere hatten großen Durst.
Eines Tages begann es zu regnen. Es regnete aber viel länger als in anderen Jahren. Der Regen schwemmte die Erde von den Feldern, er riß die Wege auf und drückte unsere Lehmhütten ein. Wir standen alle auf dem Hügel und schauten zu, wie das Wasser unser Dorf zerstörte.
Alle Leute aus unserm Dorf zogen in die große Stadt Kalkutta. Zuerst wohnten wir in einer Mauernische auf der Straße, dann durften wir in diese Lehmhütte ziehen."
„Wer hat uns diese Lehmhütte gegeben, Großmutter?" fragte Arul. „Gute Menschen, sie wohnen weit weg, in Europa. Sie wissen, wie arm wir sind. Sie sammeln Geld und helfen uns. Aber es gibt zu viele Arme bei uns, zu viele, die keine Hütte haben."
Großmutter ist müde. Endlich duften die Bohnen durch die Hütte. Die Mutter füllt zwei Eßschalen. Aus einer ißt die Großmutter und Arul, aus der anderen ißt die Mutter mit dem kleinen Bruder. Ein Rest bleibt für den Vater, der bald heimkommt.
Eines Tages darf Arul mit dem Vater und der Mutter gehen. Er drückt eine Hand auf den Magen. Er hat Hunger. Aus allen Lehmhütten kommen Menschen: Väter, Mütter und Kinder. Sie haben alle den gleichen Weg, sie gehen zur Schule. Die Väter gehen auf den Schulhof. Die Mütter und die Kinder bleiben

hinter dem Stacheldrahtzaun stehen. Ein kleiner Lastwagen fährt in den Hof. Ein Mann und eine Frau steigen aus. Sie sind Ausländer. Der Mann holt einen Hocker und ein Tischchen aus dem Wagen. Die Frau breitet darauf viele bedruckte Papiere aus. Ein Vater nach dem andern bekommt ein Paket und geht weg. Arul zählt. Und jetzt ist der Vater an der Reihe. Er bekommt ein Paket. Arul drängt sich durch die Menschenmenge und läuft zum Vater. Voll Ungeduld fragt er: „Vater, was ist in dem Paket?" „Zu Hause wirst du es sehen", antwortet der Vater und lächelt, weil Arul sich freut. — Zu Hause packt die Mutter ein Säckchen Reis, ein Säckchen Mehl, ein Paket Linsen, ein Paket Bohnen, eine Dose Trockenmilch und drei Stückchen Schokolade in Silberpapier gewickelt aus. „Für ein paar Tage gibt es ein Mittagessen", sagt die Mutter. „Ja, für ein paar Tage", sagt der Vater traurig. „Und was dann?"
Arul hört nicht genau hin. Er ist froh. Er hält ein Stückchen Schokolade, das in Silberpapier eingewickelt ist, in der Hand. Sein Bruder sitzt neben ihm und riecht an seinem Stückchen. Arul fragt: „Großmutter, warum geben uns die Fremden das Paket? Warum schenken sie uns etwas?" Großmutter antwortet: „Bald ist Ostern, da feiern die Fremden in ihrem Land ein schönes Fest. Sie essen und trinken köstliche Sachen. An diesem Tag sind die Fremden froh, weil Jesus Christus von den Toten auferstanden ist und ihnen neues Leben geschenkt hat. Damit auch wir leben können, schenken sie uns das Paket."
Arul hält sein Geschenk in der Hand. Er wird es lange aufbewahren. Und dann wird er jeden Tag nur ein kleines Stückchen essen. Und das Silberpapier wird er nie wegwerfen, niemals. Es wird ihn immer an diesen schönen Tag erinnern.[12]

Evangelium

Jesus wird sagen: „Ich war hungrig, und ihr habt mir zu essen gegeben. Ich war durstig, und ihr gabt mir zu trinken. Ich war obdachlos und ohne Heimat. Ihr habt mich beherbergt. Ich war nackt, und ihr habt mich bekleidet. Ich war krank und gefangen, und ihr habt mich besucht. Was ihr dem Geringsten meiner Brüder getan habt, das habt ihr mir getan." (nach Mt 25,35ff)
Jesus sagt uns also eindeutig, daß alle Menschen, aber besonders die, die in Not sind, unsere Brüder sind. „Was ihr dem geringsten Bruder getan habt, das habt ihr mir getan." Man kann den Satz auch umdrehen: Wenn du Jesus etwas geben willst, dann gib es den Armen.
Das Geld, das wir heute für MISEREOR spenden, geht zu den Armen, zu unseren Brüdern und Schwestern, die in Not sind. Darum: „Geh hin zu deinem Bruder!" Er wartet auf dich!

12 Nach Elfriede Becker, Arul, in: Gertrud von Mieletz, Sei uns willkommen, schöner Stern. Ein Weihnachtsbuch zum Erzählen und Singen für Familien mit Kindern, Lahr 1976.

Fürbitten

Priester: Herr, du hast gesagt: „Was ihr dem geringsten meiner Brüder getan habt, das habt ihr mir getan." In jedem Menschen, der unsere Hilfe braucht, wartest du auf uns. Wir bitten dich:

3. Kind: Viele haben Kummer und tragen Leid. Öffne uns Augen und Herz, damit wir ihre Not erkennen und Wege und Möglichkeiten finden, ihre Not zu lindern.

4. Kind: In vielen Ländern der Erde müssen Menschen hungern und verhungern. Viele sterben an Krankheiten, die es bei uns schon lange nicht mehr gibt. Herr, laß uns teilen und helfen.

5. Kind: An vielen Stellen der Erde herrscht Krieg. Unschuldige müssen ihr Leben lassen, andere müssen flüchten, in der Fremde oder in Gefangenschaft leben. Herr, gib uns Gedanken des Friedens und laß uns tun, was möglich ist, damit Frieden wird auf dieser Erde.

Priester: Herr, zeige uns, wo du uns begegnest und auf unsere Hilfe wartest. Laß uns den Aufruf: „Geh hin zu deinem Bruder!" mit wachem Herzen vernehmen und ihn in die Tat umsetzen. Amen.

Gabengebet

Gott, Brot und Wein haben wir zum Altar gebracht. Wir wollen gemeinsam Mahl halten, wie Jesus es uns aufgetragen hat. Laß uns bei diesem Mahl erfahren, daß du ganz für uns da bist und dich in Jesus an uns verschenkst, um uns heil und froh zu machen. Laß uns mit Jesus denen helfen, die Hunger haben und Durst, die obdachlos sind oder gefangen, die keine Arbeit oder keine Möglichkeit zu lernen haben. Mache uns bereit, allen Notleidenden zu helfen; denn was wir ihnen geben, schenken wir Jesus, unserm Bruder. Amen.

Präfation

Gott, wir danken dir,
denn du liebst alle Menschen.
Du sorgst für uns alle.
Durch Jesus hast du uns gezeigt,
daß für dich jeder Mensch wichtig und wertvoll ist.
Dafür danken wir dir.
Besonders aber danken wir dir für Jesus, deinen Sohn,
der unser Bruder geworden ist,
der uns gezeigt hat, wie sinnvoll es ist und wie
glücklich es macht, sich mit aller Kraft und mit allem,
was man hat, liebend an seine Brüder zu verschenken.
Er wartet auf uns in jedem Hilfsbedürftigen.
Mit allen, die lieben, teilen und helfen,
und mit allen Engeln und Heiligen loben wir dich und singen:
Heilig, heilig, heilig ...

Schlußgebet
Gott, wir danken dir für dieses Mahl, das uns mit dir und untereinander verbindet. Du hast uns gestärkt mit dem Brot des Lebens. Jetzt sendest du uns: „Geh hin zu deinem Bruder!“ Alle, die in Not sind, sollen durch uns deine Güte und Liebe erfahren.
Du trägst uns auf: Geh hin zu deinem Bruder und gib ihm Brot und das, was er brotnotwendig braucht. Geh hin zu deinem Bruder und gib ihm Wein und alles, was er braucht, um froh und glücklich zu werden. Geh hin zu deinem Bruder und sage ihm ein Wort, das Leben schenkt und Heil. Geh hin zu deinem Bruder und bringe ihm Frieden, Frieden mit Gott, Frieden mit den Menschen und Frieden mit sich selbst. Geh hin zu deinem Bruder, du bist gesendet. Geh mit uns, Gott! Laß uns im Bruder dich finden und froh werden durch Jesus Christus, deinen Sohn. Amen.

Gründonnerstag

Dienen aus Liebe

Vorzubereiten:
Bilder „Das Abendmahl“ von Thomas Zacharias (Kösel, München) Block Nr. 13 oder Dia, Cf. 111/14 aus Bibel-Bild Baukasten 1 (Calig, München).

Begrüßung und Einführung
Zum heutigen Gottesdienst am Gründonnerstag begrüße ich alle besonders herzlich. Diesen Gottesdienst feiern wir in der Erinnerung an das letzte Abendmahl, das Jesus mit seinen Freunden hielt. Er tat dabei etwas Ungewöhnliches. Aus Liebe machte er sich zum Diener aller. Er wusch seinen Freunden die Füße.
Die Fußwaschung, so wie Johannes sie beschreibt, ist eine Zusammenschau, ein Bildwort, das uns das ganze Leben Jesu, das letzte Abendmahl und seinen Tod verdeutlichen soll. Das ganze Leben Jesu, sein Leiden und Sterben war ein Dienst der Fußwaschung, ein Dienst der Liebe an uns Menschen. Das Bild von Thomas Zacharias soll uns helfen, das besser zu verstehen.

Bußakt
Priester: Jesus, du bist in diese Welt gekommen, nicht um dich bedienen zu lassen, sondern um zu dienen und dein Leben hinzugeben für uns.
1. Kind: Wir aber lassen uns gerne bedienen. Es fällt uns oft schwer, anderen zu helfen und zu dienen.

Priester:	Herr, erbarme dich! Jesus, durch dein Leben und Sterben hast du allen Menschen aus Liebe gedient. Du hast damit gezeigt: Wer vor Gott groß sein will, der muß dienen.
2. Kind:	Wir aber möchten lieber über andere herrschen. Wir möchten vor den anderen etwas gelten, darum wollen wir ihnen immer wieder zeigen, daß wir klüger und mächtiger sind als sie.
Priester:	Christus, erbarme dich! Jesus, du hast deinen Freunden die Füße gewaschen und uns damit ein Beispiel gegeben, wie wir einander dienen und lieben sollen.
3. Kind:	Wir aber sind deinem Beispiel nicht gefolgt. Wir haben uns gezankt und gestritten. Wir haben Böses mit Bösem vergolten und unser Recht behauptet.
Priester:	Herr, erbarme dich!

Evangelium

Es war vor dem Osterfest. Jesus feierte mit seinen Freunden das Ostermahl. Er wußte: Bald ist die Stunde da, bald werde ich sterben. Dann gehe ich zum Vater. Jesus stand vom Tisch auf. Er legte sein Obergewand ab und band sich eine Schürze um. Dann goß er Wasser in eine Schüssel. Er ging zu den Jüngern und begann, ihnen die Füße zu waschen. Dabei machte er sich ganz klein vor seinen Freunden. Als Petrus an die Reihe kam, sagte er zu ihm: „Herr, du willst mir die Füße waschen? Das ist doch Sklavenarbeit!" Jesus antwortete: „Du kannst das jetzt noch nicht verstehen. Aber die Zeit wird kommen, dann wirst du verstehen, warum ich dir die Füße wasche!" Petrus aber sagte: „Nein, Herr, das kann nicht sein. Ich lasse es nicht zu. Du bist doch nicht mein Diener. Du sollst mir die Füße nicht waschen!" Jesus sagte zu ihm: „Laß es geschehen, wenn ich es nicht tue, dann hast du keine Gemeinschaft mit mir, dann kannst du nicht zu mir gehören!" Als Petrus das hörte, war er bereit, sich von Jesus waschen und bedienen zu lassen. Er wollte ja ganz zu ihm gehören.
Nachdem Jesus seinen Freunden die Füße gewaschen hatte, setzte er sich wieder zu Tisch und sagte: „Ein Beispiel habe ich euch gegeben. Auch ihr sollt einander tun, was ich euch getan habe. Ihr seid Brüder. Ihr sollte bedenken: Der Größte unter euch ist der, der dient. Wenn ihr das verstanden habt, wenn ihr euch liebt, wie ich euch geliebt habe, dann seid ihr ganz glücklich, und Gott ist mit euch."

(nach Joh 13)

I. Bildmeditation

1. Sprecher:	Dieses Bild versucht, uns den Sinn dessen, was am Gründonnerstag geschehen ist, deutlich zu machen.
2. Sprecher:	Links sitzen die zwölf Freunde Jesu in blauen Kleidern. Ihre dunklen Gesichter drücken aus, daß sie ratlos sind. Was jetzt ge-

schieht, ist nicht zu verstehen. Am untersten Bildrand sehen wir Jesus in gebückter Haltung. Er hat sich ganz klein gemacht. Nur die helle Farbe in seinem Gesicht unterscheidet Jesus von den anderen. Er hat schon damit begonnen, seinen Freunden die Füße zu waschen. Das ist ein Dienst, den sonst nur heidnische Sklaven tun. Der erste Jünger hat seine Füße schon in die Schüssel gesetzt, damit Jesus sie waschen kann.

1. Sprecher: Tiefer kann Jesus nicht mehr gehen. Aus Gottes Herrlichkeit ist er gekommen, um uns Menschen zu bedienen. Aus Liebe zu uns hat er sich klein und gering gemacht. Um uns zu bedienen, hat er den letzten Platz für sich gewählt. Wer zu ihm gehören will, der muß sich bedienen lassen und dann das gleiche tun.

2. Sprecher: Petrus wehrt sich. Er möchte sich nicht von Jesus bedienen lassen. Er kann es nicht begreifen, daß Jesus sich vor ihm klein macht und ihn bedienen will wie ein Sklave.

1. Sprecher: Aber Jesus sagt ihm und allen, die seinen Dienst nicht annehmen wollen: „Wenn ich dich nicht wasche, hast du keine Gemeinschaft mit mir." Wer sich von Jesus nicht bedienen läßt, kann seine Liebe und Gemeinschaft nicht erfahren, der kann nicht zu ihm gehören. Petrus und seine Freunde lassen darum den Dienst an sich geschehen.

2. Sprecher: Nach der Fußwaschung sagt Jesus: „Ein Beispiel habe ich euch gegeben, damit auch ihr einander tut, was ich euch getan habe."

1. Sprecher: Durch die Fußwaschung zeigt uns Jesus, wie Gott zu uns Menschen steht. Er liebt uns. Er bedient uns. Von ihm sollen wir lernen, in Liebe einander zu dienen.

Lied: Herr, gib uns Mut zum Dienen, dort wo es nötig ist. Wir danken dir, weil du ja bei uns bist. (nach GL 521)

4. Kind: Jesus will uns bedienen, damit wir Gemeinschaft mit ihm und mit Gott haben. Nehmen wir diesen Dienst an oder wehren wir uns dagegen wie Petrus? Haben wir seine Botschaft verstanden, daß Dienen allein groß macht vor Gott?

Lied: Herr, gib uns Mut zum Dienen, dort wo es nötig ist ...

Priester: Wie Jesus die Menschen liebt und ihnen dient, so sollen auch wir einander lieben und dienen.

5. Kind: Wer liebt, der muß dienen.

6. Kind: Wer dient, der liebt.

5. Kind: Wer dient, denkt nicht an sich selbst.

6. Kind: Wer dient, ist offen für die Nöte und Sorgen anderer Menschen.

Lied: Herr, gib uns Mut zum Dienen, dort wo es nötig ist ...

5. Kind: Wer dient, hat Zeit für andere.

6. Kind: Wer dient, kann zuhören und verstehen.

5. Kind:	Wer dient, ist freigebig, weil andere noch ärmer sind.
6. Kind:	Wer dient, verurteilt andere nicht.
5. Kind:	Wer dient, überwindet das Böse und schafft Frieden.
6. Kind:	Wer dient, handelt auch dann noch aus Liebe, wenn er sich unverstanden fühlt.
Lied:	Herr, gib uns Mut zum Dienen, dort wo es nötig ist ...
5. Kind:	Wer dient, handelt so wie Jesus.
6. Kind:	Wer dient, der nimmt das Kreuz auf sich.
5. Kind:	Wer dient, der ist groß vor Gott.
Priester:	Jesus, du hast deinen Jüngern die Füße gewaschen, um ihnen deine Liebe zu zeigen. Laß uns deinen Dienst dankbar annehmen. Gib uns den Mut zu dienen, so wie du es getan hast. Amen.

II. Bildmeditation (als Alternative)

1. Sprecher:	Das Bild zeigt rechts in der größeren Bildhälfte Jesus, der mit seinen Freunden um den weißgedeckten Abendmahlstisch sitzt. Im Gegensatz zur Fußwaschung sitzt er hier sichtbar im Mittelpunkt. Er sagt: „Ich bin unter euch wie ein (Tisch-)Diener." Die helle Farbe in seinem Gesicht unterscheidet ihn deutlich von den anderen, die mit ihm zu Tisch sitzen. Die Jünger tragen blaue Kleider wie Jesus selbst. Sie gehören zu ihm, will uns der Maler damit sagen. Sie haben seine Freundschaft und seinen Dienst angenommen. Die blaue Farbe erinnert daran, daß in diesen Männern das Königtum Gottes bereits angekommen ist. Das, was Jesus seinen Freunden versprochen hat, daß sie in seinem Reich mit ihm zu Tisch sitzen und essen und trinken werden, geschieht hier schon. Er selbst wird seine Freunde beim himmlischen Mahl bedienen. Das letzte Abendmahl weist schon darauf hin.
2. Sprecher:	Auf dem Tisch liegt das geschlachtete Osterlamm. Brot und Wein sind bereitgestellt. Die Jünger greifen jedoch nicht zu. Sie schauen Jesus erstaunt und fragend an. Das Gesicht Jesu hat die gleiche Farbe wie das Brot und die Schale, auf der das Lamm liegt. Das Bild will dadurch hinweisen auf das, was bei diesem Mahl geschieht. Jesus Christus selbst ist die zum Mahl bereitliegende Speise. Er will das Osterlamm des Neuen Bundes sein. Er ist das Lamm Gottes, das sich als Speise an die Menschen verschenkt. Jesus selbst ist Brot für uns. Unter den Zeichen von Brot und Wein verschenkt er sich selbst, seinen geopferten Leib: „Das ist mein Leib, der für euch hingegeben wird. Das ist mein Blut, das für euch vergossen wird."
Lied:	Beim letzten Abendmahle, die Nacht vor seinem Tod ... (GL 537, 1. u. 2. Str.)

1. Sprecher: Der Wein im Becher ist blutrot gefärbt, genau wie der Untergrund der ganzen Abendmahlsszene. Jesus geht für uns in den blutigen Tod. Am Kreuz stirbt er für uns. Das, was am Kreuz geschieht, die Hingabe des Lebens Jesu, ist beim Abendmahl schon gegenwärtig. In den blutigen Tod gehen, um Menschen zu erretten aus Schuld und Tod, das ist der letzte und niedrigste Dienst, den Jesus für uns tun kann. Weil Jesus aus Liebe zu uns in den Tod ging, können wir von allem Bösen, auch aus dem Tod, gerettet werden. „Wer mein Fleisch ißt und mein Blut trinkt, der hat das ewige Leben, und ich werde ihn auferwecken", aus dem Tod erretten.

Fußwaschung, letztes Abendmahl und Tod Jesu gehören für uns zusammen. Im Bild von der Fußwaschung soll uns aufgehen, was mit dem Abendmahl und unserer heiligen Messe gemeint ist. An der Fußwaschung soll uns deutlich werden, wie der Kreuzestod Jesu zu verstehen ist. Überall geschieht freiwillige Erniedrigung, Dienst aus Liebe.

2. Sprecher: Die Jünger sind keineswegs bevorzugt. Das Abendmahl geschieht hier und heute: „Nehmt hin und eßt, das ist mein Leib", sagt Jesus auch heute zu uns. Hier bei diesem Mahl bedient uns Jesus, damit wir zu ihm gehören, Gemeinschaft mit ihm haben für immer. Jesus lädt uns an seinen Tisch. Er bedient uns. Er reicht sich uns selbst unter den Zeichen von Brot und Wein. Einen größeren Dienst kann Jesus uns nicht leisten. Wer hierher gekommen ist, der soll erfahren, daß Jesus Christus ihm aus Liebe dient.

Gebet

Jesus, beim letzten Abendmahl hast du dich in Brot und Wein an deine Freunde verschenkt, um Gemeinschaft mit uns zu haben über den Tod hinaus. Am Kreuz hast du aus Liebe zu uns dein Leben hingegeben. Wir bitten dich, laß uns gerne an deinem Mahl teilnehmen und dabei an deine Liebe zu uns denken. Laß uns hier deine Liebe erfahren, sie dankbar annehmen und sie weiterschenken. Amen.

Lied: Beim letzten Abendmahle ... (GL 537, 3. Str.)

1. Sprecher: Nicht alle Menschen nehmen Jesu Einladung, seine Liebe, seinen Dienst an. Ein Freund fehlt in der Tischrunde. Judas hat sich von Jesus und seinen Freunden abgewendet. Er geht in die Nacht, in die Gottesferne. Judas entfernt sich von der Liebe Jesu, der für die Seinen in den blutigen Tod geht. Diese Trennung bedeutet Unheil, Einsamkeit, Tod.

2. Sprecher: Jesus wird ihm nachgehen in die Nacht. Er geht dienend den Menschen nach, die sich wie Judas von ihm trennen und in die Dunkelheit, in die Gottesferne, in die Sünde gehen. Liebend geht

er für sie in die Dunkelheit, in den Tod, um die Menschen aus Sünde und Tod zu retten. Im Tod sucht er Verbindung mit allen, die sich von ihm getrennt haben.

Priester:
Jesus sucht Gemeinschaft mit seinen Freunden im Dienst der Fußwaschung. Er will Gemeinschaft mit seinen Freunden beim Mahl, wo er sich dienend verschenkt, um anderen Kraft und Liebe zu geben. Er will Gemeinschaft mit allen Menschen im Tod. Er will Gemeinschaft mit seinen Freunden auch über den Tod hinaus, darum sagt er: „Tut dies zu meinem Gedächtnis", d.h.: Kommt immer wieder zusammen, feiert dieses Mahl mit mir, wo ich euch bediene und mich unter den Zeichen von Brot und Wein an euch verschenke. „Tut dies zu meinem Gedächtnis", feiert meinen Dienst an euch, meine liebende Hingabe an euch, meinen Tod für euch, damit ihr ewig leben könnt.
Wir haben darüber nachgedacht, daß das ganze Leben Jesu, das letzte Abendmahl, aber auch sein Leiden und Sterben ein Dienst der Fußwaschung, ein freiwilliges Dienen aus Liebe war. In jedem Gottesdienst will Gott uns bedienen. Wenn wir seinen Dienst annehmen, dann müssen wir auch einander dienen. „Ein Bespiel habe ich euch gegeben, damit ihr einander tut, was ich euch getan habe."[13]

Gabengebet
Gott, nimm Brot und Wein von uns an. Laß uns nun das tun, was Jesus mit seinen Jüngern beim Abendmahl getan hat. Verbinde uns durch dieses Mahl mit dir und untereinander. Laß uns dem Beispiel deines Sohnes folgen und einander dienen aus Liebe. Amen.

Präfation
Gott, wir wollen dir danken für Jesus, deinen Sohn,
der gekommen ist, um uns in Liebe zu bedienen.
Er hat seinen Jüngern die Füße gewaschen und uns ein Beispiel gegeben, wie wir einander dienen und lieben sollen.
Wir danken dir, daß wir mit ihm das Abendmahl halten dürfen. Hier dürfen wir von dem Brot des Lebens essen, das er selbst ist. Wir danken dir, daß er liebend für uns in den Tod gegangen ist, damit wir ewig mit dir leben dürfen. Voll Dankbarkeit singen wir mit allen, die seinen liebenden Dienst an sich erfahren haben: Heilig, heilig, heilig ...

Schlußgebet
Gott, wir danken dir für dieses Mahl. Jesus, dein Sohn, hat sich liebend an uns

13 Nach Karl Heinz König, Günther Weber, Die Bilder des Glaubensbuches, Donauwörth 1965, 85—91.

verschenkt. In seiner Kraft dürfen wir nun miteinander und füreinander leben. Es ist schön, daß wir seinen Dienst hier immer wieder erfahren dürfen. Laß uns immer seinem Beispiel folgen und einander in Liebe dienen. Amen.

Leben aus dem Tod

Vorzubereiten:
Schmetterlinge in großer Zahl von Kindern malen lassen und in der Kirche aufhängen, Emaille-Schmetterlinge (von Kindern oder Jugendgruppen gebrannt), die nach der Ansprache verteilt werden.

Einführung

Wir feiern heute Ostern. Wir feiern das Fest des neuen Lebens. Jesus Christus lebt. Er hat den Tod – jeden Tod – für immer überwunden. Er will uns Leben, Frieden und Freude schenken.
Sonne, Kerzen, Eier, Frühlingsblumen, Hasen und Schmetterlinge sind Osterzeichen, Zeichen, die uns an das Leben verweisen, das aus dem scheinbaren oder wirklichen Tod kommt. Über das Osterzeichen „Schmetterling" wollen wir heute nachdenken.

Gespräch

Lektor: Auf einem grünen Blatt liegt ein kleines Ei. Unscheinbar und tot sieht es aus. Die Sonne aber erweckt es zum Leben. Ein kleiner gestreifter Raupenjunge schlüpft aus dem Ei. Voll Freude streckt er sich der Sonne entgegen und ruft:

Raupe 1: „Hallo Welt! Ich lebe! Schön ist das!"

Lektor: dann sieht er sich neugierig um und fragt:

Raupe 1: „Leben – was ist das?"

Lektor: Seine etwas ältere Schwester bestaunt ihn und sagt:

Raupe 2: „Leben ist ein Geschenk. Niemand kann sich selbst das Leben geben. Leben ist ein kostbares Geschenk. Du mußt es hüten und sorgfältig damit umgehen."

Raupe 1: „Leben ist ein schönes Geschenk. Hier in der warmen Sonne geht es mir gut. Ich bin dankbar für mein Leben. Ich freue mich, daß ich da bin."

Raupe 2: „Leben heißt sich der Sonne entgegenstrecken, der Freude und dem Glück; Leben ist lauter Freude und Sonnenschein."

Raupe 3: „Das ist nicht alles!"

Lektor: sagt eine ältere Raupe, die mühsam gekrochen kommt, um das Wunder des Lebens zu begrüßen.

Raupe 3: „Leben, das ist Entwicklung und dauernde Veränderung!"

Raupe 1: „Ich bin hungrig!"

Lektor: Kurzerhand frißt der Raupenjunge das Blatt, auf dem er geboren wurde. Er frißt ein weiteres Blatt und noch eins und noch eins ... Er wird größer und größer. „Leben ist Entwicklung und dauernde Veränderung", wiederholt er, und kauend denkt er darüber nach.

Raupe 2: „Man sieht es dir an, daß du dich entwickelst."

Lektor: Das Raupenmädchen schaut stolz auf ihren kleinen Bruder, der sichtlich größer wird.

Raupe 2: „Leben heißt auch: Erfahrungen sammeln und daraus lernen."

Lektor: Erfahrungen sammeln, das will der kleine Raupenjunge auch sofort. Er hört mit dem Fressen auf und sagt:

Raupe 1: „Es muß im Leben doch mehr geben als Fressen und größer werden!"

Lektor: Er macht sich auf den Weg und sucht nach mehr. Langsam kriecht er den Baum hinunter. „Leben heißt aufbrechen, sich in Bewegung setzen, suchen nach mehr", denkt er. Er entdeckt auf seinem Weg viele neue Dinge: Gras, Blumen und winzige Insekten. Alles fasziniert ihn.

Als er einige andere kleine Raupen trifft, ist er sehr froh. „Leben heißt also: miteinander leben", denkt er. Die kleinen Raupen sind so mit Fressen beschäftigt, daß sie keine Zeit haben, ihn zu bemerken. Er ruft ihnen zu:

Raupe 1: „Hallo, könnt ihr mir sagen, was Leben ist?"

Lektor: Die kleinen Raupen sehen ihn verdutzt an. Darüber haben sie noch nie nachgedacht. Sie leben und freuen sich, daß sie leben. Das ist doch genug. Sie freuen sich, daß sie zusammen sind und genug zu fressen haben.

Raupe 4: „Leben, das ist ein Kampf ums Dasein. Es ist Mühe und Arbeit",

Lektor: stöhnt eine ältere Raupe. Und eine gelbe Raupe ruft ihm von oben her zu:

Raupe 5: „Leben, das ist ein ständiges Suchen nach Glück. Du darfst nie zufrieden sein mit dem, was du hast. Du mußt immer Ausschau halten nach größeren und besseren Möglichkeiten."

Raupe 1: „Ich bin auf der Suche nach dem wahren Leben, nach dem Glück!"

Raupe 6: „Nimm mich mit!"

Lektor: sagt ein feines grünes Raupenmädchen.

Raupe 6: „Leben ist immer Leben mit anderen. Leben heißt, sein Leben mit anderen teilen, für andere leben. Leben heißt lieben. Leben heißt, andere glücklich machen."

Raupe 1: „Das hört sich nicht schlecht an. Komm mit! Du kannst mir helfen, denn ich frage und suche nach dem Sinn des Lebens."

Lektor: Beide machen sich auf den Weg und streben eifrig vorwärts.

Raupe 1: „Vielleicht finden wir da oben, was wir suchen."

Lektor: Beide klettern. Doch bald wird er müde und denkt: Das Leben ist anstrengend. Er schaut seine kleine Freundin verliebt an und sagt:

Raupe 1: „Leben ist Ausschau halten nach einem Ziel und sich gemeinsam aufmachen, um das Ziel zu erreichen."

Lektor: Nach einer Weile des Nachdenkens sagt sie:

Raupe 6: „Leben heißt, gemeinsam unterwegs sein mit einer Hoffnung im Herzen."

Raupe 1: „Am Ziel, da werden wir uns ausruhen von der Anstrengung, da werden wir glücklich miteinander leben."

Raupe 6: „Ich wünsche mir jetzt schon Ruhe. Wer richtig leben will, muß sich Zeiten der Ruhe lassen, um sich zu erholen. Er muß innehalten, über sich selbst nachdenken und sich auf das Ziel neu ausrichten."

Lektor: Sie suchen sich ein stilles Plätzchen. Dort schlafen sie ein. Als sie erwachen, sehen sie in der Nähe eine grau behaarte Raupe, die an einem Zweig hängt. Sie scheint im haarigen Stoff gefangen zu sein.

Raupe 1: „Mir scheint, du bist in Not. Kann ich dir helfen?"

Raupe 7: „Danke, ich muß hier bleiben. Ich muß hier aushalten und sterben, um ein Schmetterling zu werden."

Raupe 6: „Schmetterling — welch ein Wort? Sag, was ist ein Schmetterling?"

Raupe 7: „Es ist das, wozu du bestimmt bist, kleine Raupe. Leben ist dauernde Verwandlung. Im Kokon, im Tod, verwandelt sich dein armseliger Raupenleib zu einem wunderschönen Schmetterling, zu einem herrlichen Wesen mit Flügeln. Wenn dein Raupenleib stirbt, wirst du verwandelt, um schöner und freier zu sein. Wenn du zu einem wunderschönen Schmetterling geworden bist, dann kannst du fliegen und die Samen der Liebe von Blume zu Blume tragen. Ohne Schmetterlinge hätte die Welt viel weniger Blumen."

Raupe 6: „Wie kann ich glauben, daß ein Schmetterling in dir oder in mir ist? Was ich sehe, ist nur ein fusseliger Wurm!"

Raupe 7: „Du mußt glauben. Du mußt an das Leben glauben. Du mußt an die Möglichkeit glauben, daß durch Sterben neues Leben entsteht. An das Leben glauben heißt: An *das* Leben glauben, das stärker ist als der Tod."

Raupe 1: „Wie wird man ein Schmetterling?"

Raupe 7: „Dein Wunsch, diesen Raupenleib zu verlassen, muß so groß sein, daß du das Raupensein aufgeben möchtest."

Raupe 1: „Meinst du sterben?"

Raupe 7: „Ja, sterben heißt, sich verwandeln lassen zu einem neuen Leben, heißt auferstehen zu einem freien, glücklichen Leben."

Raupe 6: „Wie kommst du dazu, das so einfach zu behaupten, daß tot gar nicht tot ist, daß man sterben muß, um neu und besser zu leben?"

Raupe 7: „Alles, was lebendig ist, muß sich verändern, verwandeln, es muß sterben, um neu zu leben. Was soll aus dem Weizenkorn werden, wenn es nicht stirbt? Was soll aus dem Küken werden, wenn das Ei nicht zerspringt? Was soll aus dem Eis werden, wenn es nicht schmilzt, um lebendiges Wasser zu werden? Wenn du dein Leben behalten willst, so wie es jetzt ist, dann wirst du es verlieren, dann wirst du nicht verwandelt zu einem neuen Leben, zu einem wunderschönen Schmetterling."

Raupe 1: „Tot ist also nicht tot! Wir stecken voll Leben. Unser Leben hat die Kraft, sich dauernd zu verändern. Der Tod kann uns dieses Leben nicht nehmen, sondern nur verwandeln."

Raupe 6: „Das ist ein Grund zur Freude, ein Grund, sich auf dieses Leben einzulassen, an das Leben zu glauben."

Musik

Ansprache

Raupe und Schmetterling sind Bilder für uns. Jetzt sind wir noch in diesem Leib, in diesem Raupenleib. Wie die Raupe, so müssen auch wir uns entwickeln und verändern. Wir können uns freuen über dieses Leben, aber unsere Möglichkeiten sind noch begrenzt. Ständig tragen wir eine Sehnsucht im Herzen. Wir wünschen uns ein schöneres, glücklicheres Leben. Wir sind aber an diese Erde gebunden, auf der es viel Leid, Krankheit und Tod gibt. Manchmal krümmen wir uns vor Schmerzen und Leid. Manchmal kriechen wir schmerzgekrümmt in unserm armseligen Raupenleib daher.

Immer wieder brechen wir auf, setzen wir uns in Bewegung, suchen wir nach Glück, nach einem schönen, sinnvollen Leben. Wir sind unterwegs mit einer Hoffnung im Herzen. Wir glauben an das Leben, an ein verwandeltes, freies, schönes Leben. Wir glauben an ein neues Leben, an ein ewiges, glückliches, unzerstörbares Leben. Wir glauben an das Leben, das stärker ist als der Tod. Wir glauben an das Leben, an die Auferstehung zu einem neuen, befreiten, glücklichen Leben. Wir glauben an einen großen Unterschied zwischen diesem und dem kommenden Leben. Wir können uns den Unterschied gar nicht vorstellen. Beim Sterben werden wir aus der Haut fahren, wie der schöne, bunte Schmetterling aus dem armseligen Raupenleib. Der Unterschied zwischen dem, was wir

sind, und dem, was wir sein werden, ist viel größer als bei Raupe und Schmetterling. Und dennoch glauben wir, daß wir die bleiben, die wir sind. Im Tod werden wir nur verwandelt. Wir glauben an das Leben, das im Tod zu seiner vollen Entfaltung kommt.
Jesus Christus hat uns durch seine Auferstehung diesen Glauben an das Leben geschenkt. Seine Auferstehung schenkt uns die Gewißheit, daß der Tod uns das Leben nicht nimmt, sondern nur verwandelt. Und diesen Glauben feiern wir heute am Osterfest und immer, wenn wir hier zusammenkommen, um den Tod und die Auferstehung Jesu zu feiern. Zum Zeichen, daß wir an ein neues, verwandeltes, schönes Leben glauben, tragen wir einen Schmetterling. Der Schmetterling ist ein Osterzeichen, ein Zeichen für den auferstandenen Herrn. Jesus Christus ist der Schmetterling, der den Tod überwunden hat, der verwandelt wurde und auferstanden ist zu einem neuen, befreiten Leben. Der Schmetterling ist aber auch ein Bild für uns. Jesus Christus hat uns versprochen, daß wir mit ihm auferstehen dürfen zu einem neuen, befreiten, glücklichen Leben.
Allen, die mit uns an das Leben glauben, das stärker ist als der Tod, und diesen Glauben bekennen wollen, schenken wir heute einen Schmetterling. Tragt ihn als Osterzeichen, als Zeichen eures Glaubens an das Leben. Glaubt an das Leben und laßt euch verwandeln zu einem neuen Leben, zu herrlichen Schmetterlingen. Versucht jetzt schon, in der Kraft Jesu aufzuerstehen zu einem neuen Leben, zu einem Leben der Liebe, des Friedens und der Freude!
(Verteilen der Schmetterlinge)

Gebet

Gott, wir sagen: Tot ist tot. Jesus, dein Sohn, aber sagt: Tot ist nicht tot, der Tod macht das Leben lebendig. Wie die Raupe stirbt und zum Schmetterling verwandelt wird, so wirst du auch unseren Tod in ein neues Leben verwandeln. Laß uns jetzt schon verwandelt werden und auferstehen aus der Lüge, aus dem Streit, aus dem Unrecht, aus dem Unfrieden, aus dem Tod. Gib, daß das neue Leben an uns sichtbar wird, und laß das wahre Leben Jesu sich über uns alle ausbreiten wie der Frühling. Laß uns an das Leben glauben, das stärker ist als der Tod. Amen.

Evangelium

Abend ist es. Alles ist still. Es ist der erste Tag der Woche. Die Jünger sind heimlich zusammengekommen. Sie haben Angst vor den Juden, die Jesus getötet haben. Sie haben darum alle Türen fest verschlossen. — Und da kommt Jesus. Er tritt in ihre Mitte und sagt: „Friede sei mit euch!“ Er zeigt ihnen die Wunden an seinen Händen und an der Seite. Sie sehen: Er ist es! Er lebt! Es ist der Herr! Jesus ist bei ihnen. Da sind die Jünger froh. — Und wieder spricht Jesus: „Friede sei mit euch! Ich lebe. Auch ihr sollt leben!“ (nach Johannes 20,19—29)

Dank und Bitten

Priester: Gott, wir danken dir, daß Ostern geworden ist. Wir feiern das Leben, das du uns durch den lebendigsten aller Menschen geschenkt hast, durch den Schmetterling Jesus Christus. Wir danken dir, daß du Jesus — und mit ihm auch uns — vom Tod zum Leben erweckt hast.

1. Kind: Wir bitten dich, laß bei allen Menschen Ostern werden. Laß sie alle hören und glauben, daß du das Leben willst und Leben schenkst mitten im Tod.

2. Kind: Laß uns daran glauben, daß du den Tod, jeden Tod verwandelst in Leben. Verwandle uns zu herrlichen Schmetterlingen und laß uns mit dem Schmetterling Jesus immer bei dir leben.

3. Kind: Jesus, wir danken dir, daß die Jünger nach deinem Tod dich als den Lebendigen erfahren durften. Du warst für sie wie ein Schmetterling: ein Schimmer Glück, ein Schimmer Hoffnung, den sie nicht festhalten konnten.

1. Kind: Wir bitten dich, laß auch uns erfahren, daß du lebst und bei uns bist. Verwandle uns zu frohen, befreiten Schmetterlingen. Gib uns die Kraft, daß wir jetzt schon auferstehen aus dem Bösen, aus der Lüge, aus dem Streit, aus dem, was bedrückt und hoffnungslos macht, aus dem, was traurig und tot macht.

2. Kind: Laß uns den Weg Jesu gehen mit der Hoffnung im Herzen, daß du unsern armseligen Raupenleib verwandelst zu einem wunderschönen Schmetterling.

Priester: Ja, Gott, erwecke du uns, wenn wir erstarrt sind, wenn wir schlafen oder tot sind. Laß uns mit Jesus auferstehen zu einem neuen Leben. Laß uns durch ihn und mit ihm zu wunderschönen Schmetterlingen werden. Amen.

Gabengebet

Gott, wir haben dir Brot und Wein gebracht. Diese Gaben sind Zeichen für unser Leben. Mehr als von diesen Gaben leben wir von Jesus Christus, der für uns Brot und Wein geworden ist. Seinetwegen glauben wir an das Leben, das stärker ist als der Tod. Seinetwegen glauben wir an das Leben, das dort zu finden ist, wo wir es zu verlieren meinen. Heute am Osterfest danken wir dir dafür, daß du uns mit Jesus auferstehen läßt zu einem neuen, unverlierbaren Leben. Amen.

Präfation

Wir danken dir, lebendiger Gott, für das Fest des Lebens, das wir feiern können. Wir danken dir für Jesus Christus, den lebendigsten aller Menschen, der, verwandelt wie ein Schmetterling, auferstand aus dem Tod zu einem neuen Leben und der in uns auferstehen will zu einem Leben der Liebe, des Friedens und der Freude. Seinetwegen glauben wir an das Leben, das stärker ist als der Tod. Seinetwegen glauben wir an ein neues, glückliches, unzerstörbares Leben in deiner Nähe. Mit allen, die sich über die Auferstehung Jesu freuen, singen wir zu deinem Lob: Heilig, heilig, heilig ...

Friedensgruß

Lieben, wo man sich haßt, verzeihen, wo man sich beleidigt, verbinden,
wo Streit ist, die Wahrheit sagen, wo Irrtum herrscht, Glauben bringen,
wo Zweifel drückt, Hoffnung wecken, wo Verzweiflung quält, Licht anzünden, wo Finsternis regiert, Freude machen, wo Kummer wohnt,
das lernen heißt: Frieden bringen!
das lernen heißt: Leben lernen!
das lernen heißt: den Tod in Leben verwandeln!

Schlußgebet

Gott, wir haben den Tod und die Auferstehung deines Sohnes gefeiert. Wir danken dir für Jesus Christus, der jetzt in uns und mit uns lebt, der uns mit dir und untereinander verbindet, damit wir das Leben haben und es in Fülle haben. Laß uns daran glauben, daß er unser Leben ist, und daß wir mit ihm verwandelt werden zu herrlichen Schmetterlingen. Darum bitten wir dich durch Jesus Christus, unsern Herrn. Amen.

Ostern

Mauern sprengen

Vorzubereiten:
Rot bemalte Ostereier für alle Kinder

Begrüßung und Einführung

Ich begrüße alle ganz herzlich, die zu diesem Ostergottesdienst gekommen sind. Euch, euern Eltern und Freunden wünschen wir ein frohes und gesegnetes Osterfest.
Frohe Ostern! — Das ist so leicht gesagt. Wirklich frohe Ostern gibt es nur, wenn wir verstehen und glauben können: Jesus Christus ist auferstanden. Er hat alle Mauern durchbrochen, alle Grenzen gesprengt, die uns von Gott und voneinander trennen. Er hat alle Hindernisse überwunden, die uns so oft gefangen-

halten und einmauern. Er hat Mauern niedergerissen und Gräber — unsere Gräber — geöffnet. Frohe Ostern gibt es nur, wenn wir mit Jesus auferstehen zu einem neuen Leben.

1. Kind: Mauern — Sie versperren uns den Weg.
Sie nehmen uns die Sicht.
Sie setzen in Haft.
Mauern — Sie trennen.
Sie verhindern den freundlichen Blick, das gute Wort, die helfende Tat.

2. Kind: Mauern — Sie schließen uns ein.
Sie engen uns ein.
Sie verdunkeln unser Leben.
Sie machen einsam, traurig und tot.

3. Kind: Mauern — Immer wieder richten wir Mauern auf, die uns voneinander trennen.
Enttäuschungen und lieblose Erfahrungen mauern uns ein. Lüge und Angst mauern uns ein.

4. Kind: Wer durchbricht diese Mauern? Wer holt uns heraus aus unseren Gräbern?

Lied: Christus, Herr, erbarme dich ... (GL 506)

5. Kind: Mauern — Wir alle sind eingemauert. Hemmungen und Schüchternheit mauern uns ein. Rechthaberei und Habenwollen, Egoismus und Streit mauern uns ein. Neid und Eifersucht, Schuld und Sünde lassen gewaltige Mauern entstehen, die uns von Gott und voneinander trennen.

4. Kind: Wer durchbricht diese Mauern? Wer holt uns heraus aus unseren Gräbern?

Lied: Christus, erbarme dich ... (GL 506)

6. Kind: Mauern — Mauern fallen über uns her. Mauern töten uns. Der Tod ist die letzte Mauer, die unser Leben einschließt.

4. Kind: Wer durchbricht diese Mauer? Wer holt uns heraus aus unserem Grab?

Lied: Christus, Herr, erbarme dich ... (GL 506)

Gebet

Herr Jesus Christus, du hast die Mauern des Grabes gesprengt. Du bist auferstanden. Du willst uns von all unseren Mauern befreien. Du willst unsere Gräber öffnen. Wir dürfen mit dir auferstehen zu einem neuen Leben. Wir danken dir dafür. Du schenkst Leben mitten im Tod. Du schenkst uns die Kraft, daß wir uns erheben aus unseren Gräbern und ausbrechen aus allen Mauern, die uns einengen und töten. Laß uns mit dir auferstehen zu einem neuen Leben. Amen.

Evangelium

Lektor:

In der heutigen Frohen Botschaft hören wir, daß Jesus vom Tod auferstand, vom Tod zum Leben. Er hat den Tod, jeden Tod für immer überwunden, um uns Leben, neues, glückliches, ewiges Leben zu schenken. Dafür wollen wir Gott loben und singen

Lied: Gelobt sei Gott im höchsten Thron ... (GL 218, Str. 1)

Priester:

Lukas erzählt: Am ersten Tag der Woche, ganz früh am Morgen, gingen einige Frauen mit kostbaren, wohlriechenden Kräutersalben zum Grab Jesu. Sie waren traurig, weil Jesus tot war. Seinen toten Leib wollten sie salben, und die Tücher, in denen er eingewickelt war, wollten sie mit duftendem Öl tränken. Mehr konnten sie für Jesus nicht mehr tun.

Lied: Des Morgens früh am dritten Tag ... (GL 218, Str. 2)

Priester:

Als die Frauen zum Grab kamen, wunderten sie sich. Das Grab war offen. Der schwere Stein, der das Grab verschloß, war weggewälzt. Als sie in das Grab hineingingen, fanden sie den toten Jesus nicht mehr. Das Grab war leer. Während sie noch völlig ratlos dastanden, traten plötzlich zwei junge Männer in helleuchtenden Gewändern auf sie zu. Die Frauen erschraken. Sie konnten nicht in das helle Licht sehen. Da beugten sie ihr Gesicht zur Erde.

Lied: Der Engel sprach ... (GL 218, Str. 3)

Priester:

Die jungen Männer sagten zu den Frauen: Warum sucht ihr den Lebenden bei den Toten? Warum sucht ihr Jesus im Grab? Er ist nicht hier. Er lebt! Die Mauern des Grabes konnten ihn nicht festhalten. Er lebt! Er ist auferstanden! Er hat alle Mauern durchbrochen. Erinnert euch an das, was Jesus zu euch gesagt hat, als er noch in Galiläa war: Ich muß in die Hände böser Menschen kommen. Ich werde gekreuzigt werden, aber am dritten Tag werde ich auferstehen.

Da fiel es den Frauen wieder ein: Ja, das hat er gesagt! Sie liefen schnell vom Grab weg und erzählten alles den Freunden Jesu.

Lied: Er ist erstanden von dem Tod ... (GL 218, Str. 4)

Priester:

Die Apostel aber sagten: „Das ist dummes Geschwätz! Man kann nicht glauben, was diese Frauen erzählen. Jesus ist tot und begraben."

Doch Petrus stand auf. Er lief zum Grab und fand es geöffnet, wie die Frauen es gesagt hatten. Er bückte sich und schaute in das Grab hinein. Da sah er die Leinentücher liegen, aber der Tote, Jesus, war nicht da. Petrus staunte. Schnell lief er zu seinen Freunden zurück und erzählte ihnen, was er gesehen hatte.

Lied: Nun bitten wir dich, Jesus Christ ... (GL 218, Str. 5)

Priester:

Die Frauen und die Jünger haben den toten Jesus gesucht. Sie haben ihn nicht gefunden. Sie haben nur das geöffnete, leere Grab gesehen. Sie konnten nicht glauben, was die Engel gesagt hatten. Erst als Jesus selbst sich ihnen zeigte, konnten sie glauben: Er lebt! Er ist auferstanden! Da war ihre Freude groß.

Ansprache

„Wenn du Lust hast", sagte mein Freund zu mir, „dann begleite mich doch ein Stück." Ich tat ihm den Gefallen. Wir fuhren ungefähr 50 km vor die Stadt in ein großes, reiches Dorf. Vor einem großen Bauernhof hielten wir an. Es dauerte eine kurze Zeit, bis der Bauer ihn empfing. „Sie werden sich an mich nicht mehr erinnern", sagte mein Freund zu ihm. „Am Ostersonntag vor wieviel Jahren kam ich in meiner größten Not zu ihnen und bat sie um ein Stück Brot." „Damals kamen viele", sagte der Bauer. „Eben. Aber sie hatten ein Herz für mich. Sie gaben mir Brot und noch zwei rote Ostereier dazu. Das vergesse ich nie. Ich war damals am Ende meiner Kraft." – „Ich kann mich nicht mehr daran erinnern, aber es ist möglich", sagte der Bauer. Er war ein wenig beschämt und glücklich zugleich. „Es ist schon so lange her ..." Mein Freund nickte: „Damals hatte ich mir vorgenommen, es ihnen eines Tages zu vergelten. Heute geht es mir wieder gut. Darum schenke ich ihnen diesen Korb mit roten Ostereiern und einen Osterschinken dazu. Diese Gaben sollen Zeichen meines Dankes sein." Der Bauer war so überrascht und beschämt, daß er nichts mehr sagen konnte. Wir fuhren weiter. Im zweiten Haus empfing uns die Frau. „Am Ostersonntag vor wieviel Jahren?" fragte sie. „Nein, ich erinnere mich wirklich nicht. – Es war damals eine harte Zeit." „Aber sie hatten ein gutes Herz", sagte mein Freund, „sie schenkten mir zwei rote Ostereier und ein großes Stück Brot. Heute bin ich gekommen, um ihnen zu danken. Dieser Korb mit roten Eiern soll ein Zeichen meines Dankes sein." „Sie beschämen mich", sagte die Frau und begann zu weinen.

In den nächsten Häusern ging es auch so. Als wir am siebten Haus hielten, sagte ich verwundert zu meinem Freund: „Dir muß es damals aber gut gegangen sein, wenn du überall am Ostersonntag zwei rote Ostereier und hier ein Stück Speck, dort einen Kuchen, ein Stück Brot oder Wurst bekommen hast." Ich sah noch ganz viele Körbe mit roten Ostereiern in seinem Wagen. Wir waren also noch nicht am Ende. Mein Freund hielt den Wagen an und sagte: „Es ging mir damals nicht besser als den anderen. Überall, wo ich in meiner Not anklopfte, wurde ich hart und unfreundlich abgewiesen. Überall rannte ich gegen Mauern. Ich habe mir die zwei roten Ostereier überall gewünscht, aber ich habe kein einziges bekommen, geschweige ein Stück Brot, Käse oder Schinken." „Überall dort, wo wir heute waren, bist du abgewiesen worden?" fragte ich ihn. „Genau in diesen Häusern. Genau von denselben Menschen." „Warum bringst du ihnen dann einen Korb mit roten Ostereiern und ein anderes Geschenk? Warum bedankst du dich bei denen, die dir nicht halfen?"

Mein Freund lächelte leise. Er antwortete: „Wir feiern Ostern. Da müssen doch Mauern durchbrochen werden. Wer mit Jesus aufersteht zu einem neuen Leben, der liebt, der liebt auch seine Feinde, der tut Gutes auch denen, die ihn enttäuscht haben. Natürlich wissen die Leute noch, wie hart und abweisend sie damals waren. Deshalb waren ja auch alle so verlegen und beschämt. Aber wenn einer versucht, durch ein Zeichen der Liebe und Vergebung die harte Mauer zu durchbrechen, vielleicht tun sie dann heute oder morgen wirklich einmal etwas Gutes und helfen einem Menschen, der es nötig hat. Ist das nicht einen Korb Ostereier wert?“[14]

Fürbitten

Priester: Gott, wir danken dir, daß Ostern geworden ist. Weil Jesus die Mauern des Grabes sprengte und auferstand, finden wir in allen Mauern unseres Lebens das Tor und die Öffnung in die größere Freiheit. Wir bitten dich:

7. Kind: Reiße alle Mauern nieder, die uns von dir trennen und laß uns mit Jesus auferstehen zu einem neuen Leben.

8.Kind: Reiße alle Mauern nieder, die uns voneinander trennen. Hilf uns, daß wir einander verzeihen und dadurch neues Leben schenken.

9. Kind: Reiße alle Mauern nieder, die Menschen in Lieblosigkeit und Egoismus, in Schuld und Sünde einsperren. Laß uns an das Gute im anderen glauben und ihn dadurch auferwecken zu einem Leben der Liebe.

10. Kind: Reiße alle Mauern nieder, die die Einsamen und Ausgestoßenen von uns trennen. Gib uns die Kraft, Brücken zu bauen statt Mauern, und mache uns bereit, anderen dabei zu helfen.

11. Kind: Reiße alle Mauern nieder, die durch Gewalt und Unrecht aufgebaut werden. Laß uns für Frieden und Gerechtigkeit eintreten, um anderen Hoffnung und neues Leben zu schenken.

Priester: Ja, Gott, erwecke du uns zu einem neuen Leben. Öffne unsere Gräber und reiße alle Mauern nieder, die uns voneinander trennen. Hilf, daß wir Mauern abbauen und andere auferstehen lassen zu einem neuen Leben. Amen.

Gabengebet

Herr, du willst uns jetzt das Brot der Freundschaft brechen und den Becher der Freude reichen. Darum haben wir Brot und Wein bereitgestellt für das Mahl mit dir. Verbinde uns durch diese Gaben mit dir und untereinander. Laß uns mit dir auferstehen zu einem neuen Leben, zu einem Leben des Friedens, der Freude und der Liebe. Amen.

[14] Nach Jo Hanns Rösler, Ein Korb Ostereier, in: Zielfelder RU 7/8, 72.

Präfation

Gott, wir danken dir für das Fest des Lebens,
das wir feiern können.
Wir danken dir um Jesu willen, der die Mauern des Grabes sprengte, um uns zu befreien von allen Mauern,
die uns einschließen, trennen und töten.
Wir danken dir, daß wir mit ihm auferstehen dürfen
zu einem neuen Leben, zu größerer Freiheit.
Mit allen, die an das Leben glauben, das stärker ist als der Tod, singen wir zu deinem Lob:
Heilig, heilig, heilig, ...

Schlußgebet

Gott, wir danken dir für deine Liebe, für dein Leben, das du uns heute neu geschenkt hast, durch Jesus Christus, deinen Sohn. Er hat den Tod überwunden und alle Mauern gesprengt. Wir danken dir für deine Nähe, die uns froh und gut sein läßt. Laß uns durch deine Kraft alle Mauern und Grenzen überwinden. Laß andere durch uns deine Nähe und Güte erfahren heute und an allen Tagen. Amen.

Verteilen der Ostereier

Die bunten Ostereier sind Zeichen der Freude und Zeichen des neuen Lebens. Aus vielen Eiern kommt jetzt neues Leben, kommen kleine Küken hervor. Hinter der kalten, leblosen Eierschale steckt etwas sehr Lebendiges.
Wie Jesus die Mauern des dunklen Grabes durchbrochen hat, so muß auch das Küken die Schale, die Mauer, die es einschließt, durchbrechen, um aus der Dunkelheit ans Licht zu kommen, aus der Unfreiheit in die Freiheit.
Das Osterei will Zeichen für das neue Leben sein, das Jesus uns geschenkt hat. Dieses neue Leben in uns soll alle Mauern durchbrechen, auch die Mauern des Todes.
Weil wir uns über das neue Leben freuen, das Jesus uns geschenkt hat, wollen wir auch anderen Freude schenken. Deshalb sind die Ostereier bunt bemalt.
Das rote Osterei, das ihr jetzt bekommt, soll euch an diesen Gottesdienst erinnern, in dem Jesus euch neues Leben geschenkt hat. Es soll daran erinnern, daß alle Mauern gesprengt werden müssen, damit neues Leben entstehen kann. Denkt an den Mann, der rote Ostereier verschenkte, an die Menschen, die ihn in der Not alleinließen. Er baute keine Mauern auf, sondern wollte Mauern durchbrechen, damit Menschen beginnen, Gutes zu tun, zu helfen und Freude zu schenken.
Wenn ihr mit dem Ei Mauern abbaut, Mauern zersprengt durch Liebe und Vergebung, dann hat sich dieser große Korb mit roten Ostereiern bezahlt gemacht.

Mit Jesus verbunden sein

Vorzubereiten:
Teppich, der einen Weinstock darstellt. Vom Altar bis unten in der Kirche liegt eine helle Tapetenrolle, auf die ein Weinstock mit Reben gemalt ist. Am unteren Ende steht groß ☧, das Christuszeichen. Die Kommunionkinder malen grüne Blätter für die Rebzweige und kleben sie auf. Jede Kommuniongruppe wird durch eine Traube an diesem Weinstock, jedes Kommunionkind als eine Beere dargestellt. Auf den Beeren stehen die Namen der Kommunionkinder.
Trauben, die am Ende der gottesdienstlichen Feier durch Kommunionkinder an die Mitfeiernden ausgeteilt werden.

Begrüßung und Einführung

Herzlich begrüße ich alle, die zu diesem festlichen Gottesdienst gekommen sind. Ganz besonders begrüße ich heute alle Erstkommunionkinder mit ihren Eltern, Paten und Verwandten. Wir sind zusammengekommen, weil wir ein Mahl feiern wollen, das uns mit Jesus und dadurch mit Gott und untereinander verbindet. Kommunizieren heißt: In Verbindung treten, Gemeinschaft haben mit Gott und mit allen, die zu ihm gehören.
... Mädchen und ... Jungen kommunizieren heute zum erstenmal. Sie werden damit feierlich aufgenommen in die Tischgemeinschaft unserer Kirche.

Gespräch

Junge: N.N., hast du gesehen, was auf dem Teppich steht, über den wir gerade gegangen sind?

Mädchen: Ja, da ist ein Weinstock mit Reben, mit vielen Blättern und dicken Trauben dargestellt.

Junge: Der Weinstock hat einen Namen. Er soll Jesus Christus darstellen. Die dicken Trauben an dem fruchtbaren Weinstock, das sind unsere Kommuniongruppen. Jede Beere trägt den Namen eines Kommunionkindes.

Mädchen: Ich finde das Bild schön. Es zeigt, daß wir zu Jesus Christus gehören wie die Rebzweige mit den Trauben zum Weinstock. Die Trauben können nur wachsen und reifen, saftig und süß werden, wenn sie mit dem Weinstock verbunden sind.

Junge: Ein Weinstock ist nicht für sich selbst da. Er dient den Reben. Der Weinstock schenkt den Reben sein Leben, seine Kraft. Ohne Reben ist der Weinstock nichts, ist er fruchtlos, sinnlos.

Mädchen: Die Reben aber können auch nicht ohne den Weinstock leben. Ohne Verbindung zum Weinstock kann keine Rebe Frucht tragen. Reben und Weinstock müssen miteinander verbunden sein, wenn sie leben, Leben schenken und vermehren wollen.

Junge: Am Weinstock sein bedeutet eine enge und innige Beziehung zum Weinstock haben. Verbindung bedeutet Leben, Trennung ist Tod.

Mädchen: Mit allen, die zu diesem Gottesdienst gekommen sind, möchten wir unsere Kommunion, unsere Verbindung zum Weinstock Jesus Christus feiern, aber auch unsere Verbindung mit allen, die zu ihm gehören wie die Reben zum Weinstock.

Bußakt

Priester: Bevor wir an diesem Mahl teilnehmen, das uns mit Jesus und untereinander verbindet, bitten wir um Vergebung.

1.Kind: Wir Menschen gehören zueinander. Wir leben von der Liebe anderer Menschen. Getrennt von den anderen kann kein Kind groß und glücklich, kein Kranker gesund werden.

2. Kind: Wir Menschen gehören zu Gott. Getrennt von ihm können wir nicht für immer froh und glücklich werden.

3. Kind: Wir Christen gehören zu Jesus Christus wie die Rebzweige zum Weinstock. Getrennt von ihm können wir keine Frucht bringen, kein Wein werden für andere.
Weil wir das so oft vergessen, deshalb bitten wir um Vergebung.

Mutter: Gott, diese Kinder sind mit uns verbunden. Sie haben Leben von unserm Leben, Blut von unserem Blut. Du hast sie uns anvertraut. Wir geben ihnen Brot, Nahrung, Kleidung, Spielzeug und vieles, was sie brauchen. Wir bedenken aber zu wenig, daß sie seit der Taufe mit dir verbunden sind wie Rebzweige mit dem Weinstock. Wir nehmen oft unsern Auftrag nicht ernst genug, daß wir sie tiefer in diese Verbundenheit mit dir und allen Getauften führen sollen — alle Tage, nicht nur heute. Wir bitten deshalb um Vergebung.

Lied: Herr, erbarme dich!

Priester: Es erbarme sich unser der Gott Jesu, der Jesus Christus für uns zum Weinstock werden ließ. Er hat sein Leben für uns, seine Rebzweige, verströmt, damit wir Frucht bringen und zum kostbaren Wein für andere werden können.
Amen.

Gebet

Gott, wir alle, Mütter und Väter, Mädchen und Jungen, Verwandte und Freunde, sind deine Gemeinde. Wir sind gekommen, um unsere Verbindung mit Jesus Christus, dem lebendigen Weinstock, zu feiern. Er ist unsere Wurzel und unser Halt. Er ist die Quelle unseres Lebens und unserer Kraft. Laß uns durch die Verbindung mit ihm reife Trauben, Lebenssaft für andere, Wein werden, der unsere Mitmenschen belebt und erfreut. Wir danken dir, daß Jesus selbst für uns zum kostbaren, belebenden Wein und zum frischen, lebendigen Brot geworden ist. Amen.

Lektor: N.N. holt jetzt die Heilige Schrift und bringt sie dem Priester, der uns daraus die Frohe Botschaft verkündet.

Evangelium

Jesus sagt: „Ich bin der Weinstock, ihr seid die Rebzweige. Bleibt eng mit mir verbunden. Ein Rebzweig kann keine Trauben treiben, wenn er vom Weinstock getrennt ist. So geht es auch mit euch. Wenn ihr nicht mit mir verbunden bleibt, dann könnt ihr keine Frucht bringen.

Ich bin der Weinstock. Ihr seid die Reben mit den Trauben. Wer mit mir in Verbindung bleibt, trägt reiche Frucht. Er ist ein Lebensstrom mit mir. Getrennt von mir könnt ihr nicht leben und keine Frucht bringen, kein Leben schenken und vermehren. Die Zweige und Trauben, das heißt ihr, ihr würdet verdorren, wenn ihr euch von mir trennt. Die vertrockneten Zweige legt man zusammen, um sie zu verbrennen.

Wenn ihr mit mir eng verbunden bleibt und meine Worte im Herzen tragt, dann gehört ihr zu mir und könnt viel Frucht bringen. Mein Vater wird geehrt, wenn ihr reiche Frucht tragt und euch als meine Jünger erweist.“ (nach Joh 15,4—8)

Ansprache

Millionen Menschen sitzen vor ihren Fernsehern, wenn etwas Großes auf unserer Welt geschieht. Millionen, ja Milliarden Menschen können große Ereignisse auf unserer Welt zur selben Zeit an ihren Fernsehempfängern mitverfolgen. Das ist eine großartige Sache, daß Menschen auf der ganzen Welt durch das Fernsehgerät miteinander verbunden sind. Dennoch bleiben sich die Menschen fremd, die auf den Bildschirmen dieselbe Sendung sehen. Sie haben dadurch nicht mehr Gemeinschaft mit den Menschen aus unserer Stadt oder mit Menschen aus Köln und Düsseldorf. Sie lernen sich dadurch nicht näher kennen.

Für Jesus war es eine ganz wichtige Sache, die Menschen mit Gott und untereinander in Verbindung zu bringen. Er hat gewußt, ein gutes Wort verbindet miteinander, deshalb hat er uns die Frohe Botschaft verkündet, daß Gott uns liebt, für uns da ist und immer zu uns steht. Er hat gewußt, daß ein gemeinsames Mahl miteinander verbindet, darum hat er uns am letzten Abend seines Lebens dieses

Mahl geschenkt, wo er sich unter den Gestalten von Brot und Wein liebend an uns, seine Freunde, verschenkt. Er hat uns den Auftrag gegeben, dieses Mahl immer wieder zu seinem Gedächtnis zu feiern, um durch ihn mit Gott und untereinander verbunden zu werden.

Das Bild, das da im Mittelgang unserer Kirche liegt, über das ihr hereingekommen seid, will uns helfen, das besser zu verstehen. Reben können nur leben, wenn sie am Weinstock sind. Die Trauben, die eure Kommuniongruppen darstellen, können nur leben, wenn sie mit dem Weinstock Christus verbunden bleiben. Es kommt alles darauf an, daß die Rebzweige in Verbindung sind mit dem Weinstock. Aus dem Weinstock strömt der Lebenssaft in die Reben, in die Trauben, in die Beeren. Ohne die Verbindung mit dem Weinstock kann kein Blatt wachsen, keine Frucht entstehen und reifen. Ihr merkt schon, dieser Weinstock ist ein gutes Bild für etwas, was wir Menschen ganz gut kennen. Wir wissen, daß wir ohne Verbindung nicht leben können. Für unser Leben kommt alles darauf an, daß wir verbunden sind mit anderen Menschen. Die Verbundenheit mit den Eltern, mit Menschen, die uns lieben, ist für uns lebensnotwendig. Ohne Verbindung mit Menschen, die uns lieben, die uns helfen und trösten, die uns verstehen und für uns sorgen, die mit uns spielen und lachen, die mit uns feiern und sich mit uns freuen, ist eigentlich gar kein Leben möglich. Jeder von uns braucht Menschen, die für ihn da sind, die ihn lieben, die zu ihm stehen. Jesus will uns heute seine Freundschaft, seine Liebe und damit Leben schenken. Er will ganz für uns dasein, sich ganz an uns verschenken.

Menschen, die Gemeinschaft miteinander haben wollen, setzen sich zusammen und essen und trinken miteinander. Wer Wein mit anderen trinkt, wird fröhlich und beginnt zu erzählen und zu lachen. Das Zusammensein wird zu einem schönen Fest. Genau das will Jesus. Er will mit uns Mahl halten, mit uns feiern. Er will Verbindung und Freundschaft, er will, daß wir eine große Gemeinschaft von Freunden sind, daß wir miteinander sprechen, feiern und fröhlich sind. Er will uns in Liebe und Freundschaft mit Gott und untereinander verbinden. Er sagt uns bei diesem Mahl, daß er für uns da ist, daß er für uns einsteht, daß er mit uns verbunden bleiben will. Unter den Zeichen von Brot und Wein verschenkt Jesus sich in jeder Eucharistiefeier an uns. Brot und Wein sind Zeichen des Lebens und der Freude, Zeichen des Todes und der Auferstehung, Zeichen des Festes und der Einheit. Viele Körner mußten zermahlen werden, um Mehl zu werden für dieses Brot. Viele Trauben mußten gepreßt werden, um Wein zu werden für diesen Trank. Jesus selbst ist Brot und Wein für uns geworden. Die Menschen haben ihn bedrängt, ihn ausgepreßt, wie Wein aus der Traube. Sein Leben wurde zerstört, wie das der Körner in der Mühle und wie das der Trauben in der Kelter. Jesus wurde in die Mühle genommen und zermahlen, um Brot zu werden für uns. Sein Lebenssaft, sein Blut, wurde ihm ausgepreßt, wie Wein aus einer Traube, um kostbarer und belebender Wein für uns zu werden.

Jesus, den die Menschen gepreßt und zertreten haben, nimmt am Abend vor seinem Leiden einen Becher mit Wein und sagt: „Nehmt und trinkt alle daraus, das ist mein Blut“, das ist mein Leben, das bin ich für euch. Er gibt sich selbst ganz her, damit wir durch ihn leben können. Er verschenkt sich als Trank für das Fest. Er will Einheit und Gemeinschaft schaffen. Vom selben Wein trinken heißt: einswerden. Jesus Christus ist festlich belebender Wein und frisches, lebendiges Brot für uns. Unter diesen Zeichen feiern wir seinen Tod und seine Auferstehung.
Heute, liebe Jungen und Mädchen, seid ihr zum erstenmal Gäste am Tisch des Herrn. Ihr freut euch darauf, und wir freuen uns mit euch, daß wir heute dieses Fest miteinander feiern können. Jesus schenkt euch und uns allen seine Freundschaft, seine Liebe, sein Leben. Das ist wunderbar.
Jesus will sich mit uns verbinden. Er will in uns weiterleben wie der Weinstock in den Reben. Nur in der Verbindung mit ihm können wir Frucht bringen und reif werden. Er läßt seine Kraft, sein Leben in uns einströmen, wenn wir kommunizieren, das heißt in Verbindung treten. Aus der Verbundenheit mit Jesus, unserm Weinstock, können wir fruchtbar werden für andere, können wir Wein werden für andere. Es wäre schön, wenn wir durch die Kraft Jesu Christi zu einer reifen Frucht, zu einem köstlichen Wein für andere würden, dann könnten wir andere froh machen und mithelfen, daß das Leben ein Fest wird.

Fürbitten

Priester: Herr Jesus Christus, wir sind glücklich, daß wir zu dir gehören dürfen. Du willst mit uns verbunden sein wie der Weinstock mit seinen Rebzweigen. Wir tragen dir unsere Bitten vor:

4. Kind: Wir beten für unsere Eltern und Geschwister, für unsere Freunde und für alle, die wir liebhaben. Hilf, daß wir immer in Liebe miteinander verbunden bleiben.

5. Kind: Wir beten für alle, die heute mit uns feiern. Sie sollen sich mit uns freuen und spüren, daß die Verbindung mit dir und untereinander uns zu glücklichen Menschen macht.

6. Kind: Wir beten für alle Menschen, die keinen Freund haben, die traurig, einsam und allein sind. Mache uns bereit, ihnen Gemeinschaft und Freundschaft zu schenken.

7. Kind: Wir beten für alle hungernden und kranken Kinder in der Welt, daß wir uns mit ihnen verbunden wissen und ihnen helfen, so gut wir können.

8. Kind: Wir beten für alle Menschen, die sich nicht verstehen, die getrennt voneinander leben. Laß sie von Jesus lernen, wie sie glücklich werden können.

Vater: Wir beten für uns selbst. Gib uns die Kraft, daß wir uns immer neu bemühen, einander zu verstehen, und uns auch in schwierigen Situationen mit unseren Kindern in Liebe verbunden wissen.

Mutter: Stärke unsern Glauben, daß wir uns nicht nur heute am Erstkommuniontag mit dir und unseren Kindern verbunden wissen. Laß uns dieses Mahl, das uns mit dir und untereinander verbindet, noch oft mit unsern Kindern gemeinsam feiern, damit wir fruchtbare Rebzweige an deinem Weinstock sind.

Priester: Denn du willst, daß wir alle in Liebe mit dir und untereinander verbunden sind wie der Weinstock mit den Rebzweigen. Nur in der Verbindung mit dir können wir reiche Frucht tragen und nicht bloß Blätter mit frommen Sprüchen, von denen keiner leben und satt werden kann. Laß uns mit dir klarer und köstlicher Wein für andere sein. Amen.

Gabengebet

Gott, wir haben jetzt Brot und Wein auf den Altar gestellt. Deutlicher als alles andere sagen sie uns, daß wir von dir leben und daß wir einander Leben schenken sollen. Brot und Wein haben eine lange Geschichte von Verwandlungen hinter sich, verwandle sie uns jetzt in den Leib und das Blut deines Sohnes, der für uns zum lebendigen Brot und zum kostbaren, belebenden Wein geworden ist. Laß uns durch ihn mit dir und untereinander verbunden bleiben. Amen.

Präfation

Ja, Vater, wir wollen dir danken,
heute an diesem Tag ganz besonders.
Wir danken dir für Jesus Christus,
der uns liebt und uns zu diesem Mahl eingeladen hat.
Er ist unsere Wurzel, unser Weinstock.
Er ist das Leben, das uns durchströmt,
unsere Kraft und unsere Ermutigung.
Er ist die gepreßte, die gekelterte Traube,
der klare Wein für uns.
Er ist kostbarer Wein, ein festlicher Trank für uns,
der uns froh macht, heiter und voll Hoffnung.
In ihm werden wir eins mit dir und untereinander.
Mit allen, die sich durch ihn mit dir, großer Gott,
verbunden wissen, singen wir voll Freude:
Heilig, heilig, heilig ...

Vater unser

Weil wir alle einen Vater im Himmel haben, sind wir alle Brüder und Schwestern. Zum Zeichen unserer Verbundenheit reichen wir uns die Hand und wollen singend beten, wie Jesus es uns lehrte:

Friedensgruß

Jesus Christus schenkt uns den Frieden mit Gott und Frieden mit uns selbst. Seinen Frieden wollen wir annehmen und weitergeben, damit Frieden wird auf dieser Welt.
Der Friede des Herrn sei allezeit mit euch!
Lektor: N.N. bringen den Friedensgruß zu den Mitfeiernden.

Einladung zur Kommunion

Seht Jesus Christus! In diesem Brot, in diesem Wein ist er bei uns. Er verbindet uns mit sich und untereinander wie die Rebzweige mit dem Weinstock.

Schlußgebet

Gott, wir haben miteinander das Brot und den Wein geteilt, in dem sich Jesus Christus an uns verschenkt hat. Laß es unser Ziel sein, immer miteinander zu leben und zusammenzuarbeiten. Wir bitten dich, laß dieses Fest uns alle zu größerer Liebe und Verbundenheit führen, dann wird deine Güte und Liebe in uns sichtbar.

Austeilen der Weintrauben

Gott, in deinem Geist wollen wir nun Weintrauben miteinander teilen und essen. Vom selben Wein trinken und miteinander essen heißt: einswerden. Laß es Zeichen unserer Einheit sein und Zeichen dafür, daß die Menschen durch uns glücklich werden sollen, denn nur so kann dein Reich kommen. Amen.
(Die Kommunionkinder bringen Trauben zu den Mitfeiernden.
Ein Kommunionkind bedankt sich im Namen aller Kommunionkinder bei den Mitfeiernden, beim Kinderchor und bei allen, die mitgeholfen haben, diese Feier vorzubereiten.)

In ihm und aus ihm leben

Vorzubereiten:
Die Kommunionkinder malen viele Fische, die auf einen langen blauen Stoff- oder Papierteppich, der durch die ganze Kirche gelegt wird, aufgeklebt werden.
Vor dem Altar bildet ein großer Fisch, zusammengesetzt aus vielen kleinen Fischen, den Abschluß. Jedes Kommunionkind malt sich als Fisch und klebt das Bild auf. Die kleinen Fische werden mit den Namen der Kommunionkinder und ihren Gruppenleiterinnen versehen. Am Anfang des Teppichs liegt die Worterklärung auf einer großen Pappe aufgezeichnet:

I	CH	TH	Y	S
Jesus	Christus	Gottes	Sohn	Erlöser

Für alle Kommunionkinder emaillierte Fischchen. Fäden für alle Teilnehmer.
Möglichkeit: Viele Brötchen (= Halbmonde = Schuppen) zu einem großen Fisch zusammenlegen, der im Anschluß an die Feier geteilt und miteinander gegessen wird.

Begrüßung und Einführung

Herzlich begrüße ich alle, die zu diesem festlichen Gottesdienst gekommen sind. Ganz besonders begrüße ich heute alle Erstkommunionkinder mit ihren Eltern, Paten, Verwandten und Freunden. ... Mädchen und ... Jungen feiern heute ihre Erstkommunion. Kommunizieren heißt: in Verbindung treten, eine enge Gemeinschaft aufnehmen mit Jesus Christus und miteinander. Zur Kommunion gehen heißt: mit Jesus Christus leben wollen aus Gott, in Gott und mit Gott.

1. Kind: Eine große Frage ...
Die Fische eines Flusses sprachen miteinander:

2. Kind: „Man behauptet, daß unser Leben vom Wasser abhängt. Aber wir haben noch niemals Wasser gesehen. Wir wissen nicht, was Wasser ist.“

1. Kind: Da sagten einige, die klüger waren als die anderen:

3. Kind: „Wir haben gehört, daß im Meer ein gelehrter Fisch lebt, der alle Dinge kennt. Wir wollen zu ihm gehen und ihn bitten, uns das Wasser zu zeigen.“

1. Kind: So machten sich einige auf und kamen auch endlich in das Meer. Sie fragten den großen gelehrten Fisch. Als der Fisch sie angehört hatte, sagte er:

4. Kind: „Ihr dummen Fische! Im Wasser lebt und bewegt ihr euch. Ihr lebt im Wasser und wißt es nicht.“

Priester: So wie die Fische im Wasser leben, ohne es zu wissen, so leben die Christen, die durch die Taufe mit Jesus Christus verbunden sind, in Gott, in seiner Liebe. Und doch fragen viele Menschen: Wo ist Gott?

Was hat Gott mit meinem Leben zu tun?
Der heilige Paulus hat auf diese Frage schon vor fast 2.000 Jahren geantwortet: „In ihm leben wir, bewegen wir uns und sind wir."

Bußakt

5. Kind: Gott, wie der Fisch im Meer, so leben wir in dir. In dir leben wir, bewegen wir uns und sind wir. Weil wir das so oft vergessen, deshalb bitten wir um Vergebung.

Mutter: Gott, wie der Fisch im Meer, so leben wir in dir. Du hast uns diese Kinder anvertraut. Wir haben sie taufen lassen, damit sie aus dir geboren werden zu einem neuen Leben. Wie der Fisch nicht ohne Wasser leben kann, so können wir ohne dich nicht leben. Weil wir dies oft zu wenig für uns und unsere Kinder bedacht haben, deshalb bitten wir um Vergebung.

Vater: Gott, wie der Fisch im Meer, so leben wir in dir. Wir sorgen für unsere Kinder und geben ihnen Nahrung, Kleidung, Wohnung, Spielzeug und vieles, was sie brauchen. Wir bedenken aber oft zu wenig, daß sie seit der Taufe in dir leben wie der Fisch im Wasser. Wir haben ihnen nicht vorgelebt, was es heißt, in dir, mit dir und aus dir zu leben. Wir sollen sie ja nicht nur heute zu dir führen, sondern an allen Tagen ihres Lebens. Wir bitten deshalb um Vergebung.

Lektor: Gott, wie der Fisch im Meer, so leben wir in dir. Wer in dir lebt, der lebt heute schon im Himmel, denn wo du bist, da ist Himmel. Wenn du unsere Schuld vergibst, dann geht der Himmel neu über uns auf. Gib, daß er von uns auf andere übergeht. Voll Freude singen wir dir ein Loblied.

Gebet

Gott, wie der Fisch im Meer so leben wir in dir. Jesus Christus, dein Sohn, ist der große gelehrte Fisch. Er hat uns deine Frohe Botschaft verkündet und durch sein Leben gezeigt, was es heißt, in dir, aus dir und mit dir zu leben. Er ist der heilbringende Fisch, der uns ernähren will, um uns Heil und ewiges Leben zu schenken.
Laß uns aus seiner Kraft leben und mit ihm dir entgegenschwimmen. Laß andere durch uns erfahren, wie schön es ist, Jesus, dem großen gelehrten Fisch, zu folgen und mit ihm in dir zu leben. Amen.

Lektor: N.N. holt jetzt die Heilige Schrift und bringt sie dem Priester, der uns daraus die Frohe Botschaft verkündet.

Evangelium

Es war nach Ostern am See Tiberias. Petrus war mit einigen Freunden ins Boot gestiegen. Sie wollten fischen. Während der ganzen Nacht aber fingen sie nichts.

Morgens stand Jesus am Ufer und fragte sie: „Habt ihr nichts zu essen?" Sie antworteten: „Nein! Wir haben uns die ganze Nacht umsonst bemüht." Da sagte Jesus: „Werft das Netz über die rechte Seite des Bootes, dann werdet ihr etwas finden." Sie taten es und konnten das Netz wegen der Last der Fische nicht mehr einholen. Freunde, die es bemerkten, kamen ihnen zu Hilfe.
Als sie ans Ufer traten, sahen sie ein Kohlenfeuer, auf dem ein Fisch und Brot lagen. Jesus bat sie: „Bringt von den Fischen, die ihr eben gefangen habt." Da zog Petrus das Netz ans Land, das voll war von 153 großen Fischen. Dann lud Jesus sie ein zum Mahl. Jesus nahm das Brot, brach es und verteilte es an seine Freunde. Ebenso tat er es mit dem Fisch.
Da erkannten die Jünger: Jesus lebt! Er ist beim Mahl mitten unter uns. Er selbst ist Brot für uns. Er selbst ist der Fisch. In Jesus ist Gott bei uns. (nach Johannes 21)

Ansprache
Freunde haben oft ein Erkennungszeichen: Ein Pfiff und der andere weiß, wer da ist. Andere vereinbaren ein Klingel- oder Klopfzeichen. Manchmal haben Kinder einer Gruppe oder Menschen einer Stadt ein Erkennungszeichen vereinbart.
Von dem geheimen Erkennungszeichen der ersten Christen möchte ich euch, liebe Mädchen und Jungen, und allen, die hier sind, eine Geschichte erzählen. Vor vielen hundert Jahren war es gefährlich, als Christ in der Stadt Rom zu leben. Der Kaiser ließ die Christen verhaften, verbrennen oder gar wilden Tieren vorwerfen. Aus Angst feierten die Christen die heilige Messe in unterirdischen Grabkammern, in Katakomben. Bei einer solchen geheimen Versammlung der Christen sagte der Bischof: Am nächsten Sonntag wollen wir uns morgens hier treffen, um das Mahl Jesu zu feiern. Abends ist es zu gefährlich. Die Christen jenseits des Tiber aber wissen nichts davon. Wie können sie es erfahren? Keiner von den Erwachsenen traute sich, zu den Christen jenseits des Tibers zu gehen; denn sie wußten, wie gefährlich das war. Marius, 10 Jahre alt, sagte: „Laßt mich gehen! Ich werde den Christen drüben die Nachricht bringen!"
Marius ging in das Stadtviertel jenseits der Tiberbrücke. Er sah viele Leute, wußte aber nicht, ob sie Christen waren. Er ging zu einem Kinderspielplatz und setzte sich dort auf die Bank. Neugierige Jungen und Mädchen kamen zu ihm und sprachen ihn an. Marius bückte sich und malte den Kopf und den halben Bauch von einem Fisch in den Sand. Mitten drin hörte er auf und wartete ab, was geschehen würde. Die Kinder schauten ihn an, sahen auf den halben Fisch und gingen kopfschüttelnd davon. Ein Mädchen aber bückte sich und malte den Fisch zu Ende. Marius zog das Mädchen zur Seite und fragte nach dem Namen. „Weißt du, was du da gemalt hast?" „Ja", antwortete Claudia, „der Fisch ist das Erkennungszeichen der Christen. Du bist sicher auch ein Christ." „Ja", sagte Marius. „Wenn deine Eltern auch Christen sind, dann führe mich zu ihnen, ich habe eine wichtige Nachricht zu überbringen." Marius war froh, als er bei Clau-

dias Eltern gut aufgenommen wurde und diese ihm versprachen, die Nachricht an die anderen Christen weiterzugeben.

Marius und Claudia kannten das geheime Erkennungszeichen der Christen. Das Erkennungszeichen der Christen war damals und ist heute der Fisch. Am Fisch lernen die Christen einander kennen. Heute seht ihr das Erkennungszeichen der Christen überall hier in der Kirche. Wir sind heute über einen wunderschönen blauen Teppich in die Kirche eingezogen. Der Teppich beginnt mit dem griechischen Wort „ICHTHYS", das heißt auf deutsch: Fisch. Die einzelnen Buchstaben des griechischen Wortes Ichthys waren eine Abkürzung für das Glaubensbekenntnis der ersten Christen.

I = Jesus
CH = Christus
TH = Gottes
Y = Sohn
S = Erlöser

Der Fisch war für die Christen ein Erkennungszeichen und eine Abkürzung für ihr Glaubensbekenntnis. Wer einen Fisch trug oder malte, der bekannte sich als Christ, der bekannte sich zu Jesus Christus, Gottes Sohn, Erlöser.

Der Fisch ist ein Erkennungszeichen für Jesus Christus und für uns Christen. Deshalb schwimmen auf dem langen blauen Teppich ganz viele kleine Fische. Die Kommunionkinder haben sie gemalt und aufgeklebt als Zeichen für uns. Wir alle schwimmen auf den einen großen Fisch, auf Jesus Christus, zu. Der große Fisch hier vorne am Altar ist das Zeichen für Jesus Christus, für den großen gelehrten Fisch, von dem wir anfangs gehört haben. Er sagt uns: Ihr lebt ja schon in Gott und mit Gott. In ihm lebt ihr, bewegt ihr euch und seid ihr. Jesus hat uns gesagt, daß wir, die vielen kleinen Fische, ihm nachfolgen sollen. Wir gehören zu Jesus Christus, wir sind Christen. Wir sind ihm ähnlich. Wir alle zusammen, Mädchen und Jungen, Männer und Frauen, Jugendliche und alte Leute, sind eine Gemeinde. Wir alle zusammen sind wie der Leib Christi, wie Christus selbst. Wir, die vielen kleinen Fische, bilden einen großen Fisch. Wir sind ein anderer Leib Christi. Wir zusammen sind der Leib Christi, wir müssen Jesus Christus in dieser Welt sichtbar machen. Darum sind auf dem großen Fisch ganz viele kleine Fische aufgeklebt. Die kleinen Fische tragen die Namen der Kommunionkinder und ihrer Gruppenleiterinnen. Eigentlich müßten wir von allen Gottesdienstteilnehmern kleine Fische aufkleben, denn wir alle gehören zu dem einen großen Fisch, der Jesus ist. Wir gehören zusammen, wir sind seine Gemeinde, sein Leib. Es ist schön, zu Jesus Christus zu gehören. Ein Leben mit ihm und in ihm macht froh und glücklich. Deshalb laden wir alle ein, über diesen schönen Tag hinaus, für immer zu Jesus und zu unserer Gemeinschaft zu gehören. Schwimmt mit ihm durch das Meer der Zeit. Bleibt in ihm und bei allen, die zu ihm gehören. Ihr, liebe Kommunionkinder, bekommt jetzt alle einen emaillierten Fisch aus

Kupfer umgehängt. Der Fisch ist unser Erkennungszeichen. Mit ihm bekennen wir uns zu Jesus Christus, dem Sohn Gottes, unserm Erlöser. Der Fisch soll uns daran erinnern: Wir leben in und mit Jesus, unserm großen Fisch. Mit ihm leben wir in Gott. Christen leben in Gott wie in ihrem Element und fühlen sich darin so wohl wie der Fisch im Wasser.
Wir Christen leben in der Gemeinde als eine Gemeinschaft von vielen großen und kleinen Fischen in dem einen großen Fisch, in Jesus Christus. Wir sind Freunde. Wir gehören zusammen. Jesus Christus verbindet uns. Das ist schön. Wir spielen zusammen, wir arbeiten miteinander, wir beten und feiern miteinander, und wir versuchen nach dem Beispiel Jesu anderen Menschen gut zu sein. In der Kommunion gibt er uns dazu die Kraft. Mit ihm, in ihm und durch ihn können wir alle mit Jesus, unserm großen Fisch, Gott entgegenschwimmen.
(Verteilen der kleinen Fische an die Kommunionkinder)

Bitten und Bekenntnis

Priester: Herr, auf dein Wort hin hat sich das Netz der Jünger mit vielen Fischen gefüllt. Auch wir haben uns oft vergeblich gemüht. Laß uns auf dein Wort hin neu beginnen. Wir bitten dich:

Erwachsener: Herr, wir haben oft das Gefühl, daß unser Leben, unser Mühen und Arbeiten vergeblich war. Wir haben dir nichts vorzuweisen. Wir stehen mit leeren Händen vor dir. Laß uns auf dein Wort hin neu beginnen, mit dir zu leben und zu lieben.

Alle: Ich glaube, Herr, daß du es bist, durch den wir sind und leben.

6. Kind: Herr, auch wir Kinder bemühen uns oft vergeblich zu Hause, in der Schule und beim Spiel. Wir möchten gut sein, aber es gelingt uns nicht.
Sei du uns nahe und laß uns auf dein Wort hin neu beginnen.

Alle: Ich glaube, Herr, daß du es bist, durch den wir sind und leben.

7. Kind: Herr, am Seeufer hast du deinen Freunden ein Mahl bereitet von Brot und Fisch. Das sind gute Gaben, mit denen du dich selbst verschenkst. Auchfür uns hältst du ein Mahl bereit. Du lädtst uns ein: Kommt und haltet jetzt Mahl mit mir! Gib, daß wir deine Einladung gern annehmen und daran glauben, daß du bei diesem Mahl unter uns bist und dich selbst in Brot und Wein an uns verschenkst.

8. Kind: Herr, beim Mahl haben deine Freunde dich, den auferstandenen und lebendigen Herrn, erkannt. Gib dich uns bei diesem Mahl immer mehr zu erkennen als der lebendige Gott, in dem wir leben, uns bewegen und sind.

Alle: Ich glaube, Herr, daß du es bist, durch den wir sind und leben.

Priester: Herr, wir leben in dir und durch dich. Wie der Fisch im Meer, so leben wir in dir. Oft ergeht es uns aber wie den Fischen, die im Wasser leben und nicht wissen, was Wasser ist. Laß uns immer mehr erkennen, wie schön es ist, in dir und mit dir in der Liebe Gottes zu leben. Amen.

Gabengebet

Gott, nimm unsere Gaben an. Brot und Wein sind Zeichen der Einheit. Das Brot ist aus vielen Körnern gemacht und der Wein aus vielen Trauben gepreßt. Verwandle uns mit diesen Gaben und laß aus uns, den vielen kleinen Fischen, den großen Fisch, den Leib deines Sohnes Jesus Christus, werden. Er ist der Fisch, der sich uns selbst zur Speise schenkt, der alles belebt und heil macht. Er ist der große gelehrte Fisch, der uns den Weg in ein neues Leben, in eine bessere Zukunft zeigt. Laß uns in ihm und mit ihm dir entgegenschwimmen heute und an allen Tagen. Amen.

Präfation

Gott, wir danken dir von ganzem Herzen.
In dir leben wir, bewegen wir uns und sind wir.
Du hast uns ins Leben gerufen.
Du willst, daß wir froh und glücklich sind,
darum dürfen wir in dir, in deiner Liebe leben.
Wie der Fisch im Meer, so leben wir in dir.
Gott, wir danken dir dafür.

Wir danken dir für Jesus Christus, deinen Sohn.
Durch ihn leben wir in dir,
denn er hat uns im Wasser der Taufe neues Leben geschenkt,
Leben aus dir.

Er schwimmt uns voran durch das Meer der Zeit und zeigt uns den Weg zu dir. Gott, wir danken dir dafür.
Mit allen, die ihm folgen und gefolgt sind, singen wir zu deinem Lob:
Heilig, heilig, heilig ...

Vater unser

Jesus Christus ist der große Fisch. Wir, die vielen kleinen Fische, bilden zusammen den einen großen Fisch. Wir sind der Leib Christi. Wir zusammen müssen Jesus Christus in dieser Welt sichtbar machen. Zum Zeichen unserer Zusammengehörigkeit reichen wir uns die Hände und beten singend das Gebet, das Jesus uns gelehrt hat:
Vater unser

Friedensgruß

Priester: Der Friede des Herrn sei allezeit mit euch!
Wir wollen nun zusammen ein großes Netz knüpfen, ein Friedensnetz, das uns miteinander verbindet. Wir wollen uns von dem Friedensnetz Jesu einfangen lassen, uns von ihm den Frieden schenken lassen. Wir wollen den Frieden, der uns geschenkt wird, an alle weiterschenken. Zum Zeichen dafür knüpfen wir nun das Friedensnetz.

Lied: Jeder knüpft am eignen Netz[15].

Einladung zur Kommunion

Seht Jesus Christus!
In diesem Brot,
in diesem Wein ist er bei uns.
Er verbindet uns mit sich und untereinander.
Er fügt uns, die vielen kleinen Fische,
zusammen zu dem einen großen Fisch, zum Leib Jesu Christi.

Schlußgebet

Herr, wir danken dir für dieses Mahl und für die Gemeinschaft, die wir mit dir und untereinander erfahren durften. Du selbst hast dich uns geschenkt, um unsere Kraft und Lebensquelle zu sein. Durch die Taufe sind wir im Wasser aus dir geboren und zu einem Leib zusammengefügt. Wir gehören zu dir, wie der Fisch zum Wasser. Wie der Fisch im Meer, so leben wir in dir. Laß uns das nie vergessen. Amen.

Nach der Feier

Den großen Fisch aus Brot miteinander teilen und essen.

15 Schallplatte „Ich suche einen Sinn heraus", 404 Telgte, Bestellnummer 1019.

Die Liebe macht unser Leben sinnvoll

Eröffnung:

Lied: Die Erde ist schön, es liebt sie der Herr,
neu ist der Mensch, der liebt ...

Einführung

Liebe Mädchen und Jungen! Ihr habt gerade gesungen: Neu ist der Mensch, der liebt. Menschen, die einander lieben, wie Jesus es getan hat, sind neue Menschen. Sie helfen mit, daß das Leben auf dieser Erde schön und sinnvoll wird. Die Liebe macht unser Leben sinnvoll. Darüber wollen wir heute nachdenken.

Lektor: Ihr hört jetzt eine Fabel von der Möwe Jonathan. Eine Fabel erzählt von Tieren, will aber in Wirklichkeit etwas von Menschen aussagen. Diese Fabel erzählt den Lebensweg einer Möwe, die nicht ist wie andere Möwen. Für sie ist das Leben mehr als eine Möglichkeit, sich nur Nahrung zu verschaffen.

Fabel:

Ganz weit vom Boot und der Küste entfernt, zog die Möwe Jonathan ganz allein ihre Kreise. In 30 Meter Höhe senkte sie die Läufe, hob den Schnabel und versuchte schwebend, eine ganz enge Kurve zu beschreiben; aber sie sackte durch und kippte ab. Die Möwe Jonathan, die da so ungeniert und ohne Zaudern nochmals mit ausgespannten Flügeln die schwierige Kurve versuchte und immer langsamer werdend wieder absackte, war kein gewöhnlicher Vogel.

Die meisten Möwen begnügen sich mit den einfachen Grundbegriffen des Fliegens. Sie sind zufrieden, von der Küste zum Futter und zurückzufliegen. Es geht ihnen nicht um die Kunst des Fliegens, sondern um das Futter. Für Jonathan aber war das Fressen unwichtig. Er wollte fliegen. Das Fliegen liebte er mehr als alles andere auf der Welt. Diese Neigung machte ihn bei den anderen Vögeln unbeliebt. Das merkte er auch bald. Selbst seine Eltern waren unzufrieden, daß Jonathan ganze Tage mit seinen Experimenten im tiefen Gleitflug verbrachte und seine Übungen hundertfach wiederholte. „Wozu das, Jonathan? Warum in aller Welt?“ fragte seine Mutter. „Ist es denn wirklich so schwer, wie alle anderen zu sein? Warum überläßt du das Fliegen nicht anderen Vögeln? Warum frißt du nicht wie die anderen Möwen? Du bist ja nur noch Federn und Knochen, wie siehst du bloß aus?“

„Das ist mir ganz einerlei, Mama! Ich muß herausfinden, was ich in der Luft alles kann und was nicht. Ich muß wissen, ob Möwen mehr können als nur Futter suchen. Später kann ich vielleicht anderen damit helfen.“

„Sieh einmal, Jonathan", sagte sein Vater nicht unfreundlich, „bald kommt der Winter. Da gibt es nicht viele Boote, und die Fische schwimmen nicht mehr so dicht unter der Oberfläche, sondern in der Tiefe. Wenn du unbedingt etwas lernen willst, dann lerne, wie man sich sein Futter beschafft. Fliegerei ist gut und schön, aber von einem Gleitflug kann man nichts abbeißen, verstehst du das? Zweck des Fliegens ist, daß man etwas zu essen hat, vergiß das nicht!" Jonathan nickte gehorsam. Einige Tage lang versuchte er, genauso wie die anderen Möwen zu sein. Er gab sich wirklich alle Mühe. Er flatterte und kreischte mit dem Schwarm um die Anlegestellen und Fischerboote und schnappte im Sturzflug nach Fischabfällen und Brotkrumen. Aber er war nicht glücklich dabei.

Es ist so langweilig und sinnlos, dachte er und ließ die ergatterte Speise absichtlich wieder fallen. Schade um die Zeit — wieviel könnte ich da richtig fliegen üben. Ich muß es lernen!

Und so dauerte es nicht lange, da wagte Jonathan sich wieder weit auf die offene See hinaus und machte hungrig, aber glücklich neue Flugversuche. Es ging ihm jetzt um Geschwindigkeit. Er stieg hoch auf. Mit voller Kraft setzte er dann zum Sturzflug an. Immer wieder versuchte er es, erst aus 300, dann aus 600 Meter Höhe. Mit 150 Stundenkilometern hatte er den Weltrekord unter Seemöwen erreicht. Wenn es ihm gar nicht gelingen wollte, wenn er restlos erschöpft und des Übens müde war, klang es dumpf aus ihm heraus: Schluß mit dem Lernen. Dein Vater hat recht. Für solches Fliegen sind Möwen nicht bestimmt. Flieg heim zu deinem Schwarm und finde dich damit ab, daß eine kleine Seemöwe ihre Grenzen hat. Jonathan flog zur Küste und nahm sich vor, eine normale Seemöwe zu sein, sich dem Schwarm anzuschließen und glücklich zu sein unter seinesgleichen.

Jonathan war erleichtert über diese Entscheidung. Von nun an würde es keine Herausforderung mehr geben und keine Fehlschläge.

Doch in der Möwe Jonathan, die in 30 Meter Höhe durch die Nacht flog, meldete sich auch eine andere Stimme: Du darfst nicht aufgeben. Du mußt weitermachen. Schnell hatte Jonathan wieder alle guten Vorsätze, Angst und Erschöpfung vergessen. Ohne Bedenken brach er das Versprechen, das er sich selbst gegeben hatte. Derlei Schwüre gelten nur für Möwen, die mit dem Mittelmaß zufrieden sind, dachte er.

Wer einmal etwas Außerordentliches erfahren hat, kann sich nicht mehr mit dem Durchschnitt zufriedengeben. Er schwang sich 600 Meter über die schwarze See empor und übte weiter, ohne auch nur an Mißerfolg oder Tod zu denken. Er schaffte 200 Kilometer in der Stunde in voller Flugbeherrschung.

Als die Sonne aufging, war die Möwe Jonathan längst wieder bei ihren Flugversuchen. Die futtersuchenden Möwen waren nur noch wie winzige Punkte unter ihm zu sehen. Er triumphierte über seine Erfolge im Kunstfliegen. Schwindelig vor Müdigkeit, aber dennoch glücklich, fand sich Jonathan in der nächsten Nacht beim Schwarm an der Küste ein. Er erzählte begeistert den anderen Möwen, wie herrlich das Fliegen ist, daß das Leben einen tieferen Sinn hat, als nur nach Futter zu suchen. „Ich möchte euch teilhaben lassen an dem, was ich entdeckt habe! Ich möchte euch Fliegen lehren, damit auch ihr einen tieferen Sinn im Leben findet und ganz glücklich seid.“ Aber die Möwen hatten längst einen Plan gegen ihn geschmiedet. „Möwe Jonathan!“ sagte der Älteste, „in deiner Schande tritt in die Mitte vor die Augen deiner Sippe!“

Jonathan war wie vor den Kopf geschlagen. Die Beine versagten den Dienst. Die Flügel hingen schlaff. Er hörte nur noch ein Dröhnen. In die Mitte treten zur Schande? Unmöglich! Eigentlich hätte er doch eine Auszeichnung verdient. Er hatte doch den großen Durchbruch gewagt. Er konnte doch den Weg in eine neue Zukunft zeigen. Er wollte zu ihrer aller Glück beitragen. Sie mißverstehen es ... Sie irren sich... . „Wegen deines Leichtsinns und weil du gegen die Würde und Gebräuche der Möwensippe gehandelt hast, wirst du aus der Gemeinschaft der Möwen ausgestoßen.“

Jonathan widersprach: „Ich bin nicht leichtsinnig. Ich bin einem inneren Ruf gefolgt und habe ein höheres Ziel erkannt und den Sinn des Lebens gefunden. Unser Leben hat einen neuen Inhalt bekommen. Wir können mehr als nur Futter suchen. Ich will euch den Weg zu einem neuen glücklichen Leben zeigen. Bisher haben wir nur nach Futter gesucht. Langeweile, Angst und Zorn haben unser Leben verkürzt. Gebt mir eine Chance! Laßt mich euch zeigen, was ich gefunden habe.“

„Die Bruderschaft ist zerbrochen“, riefen die Möwen einstimmig und wandten sich von ihm ab. Jonathan verbrachte sein weiteres Leben in Einsamkeit und flog weit über die fernen Klippen hinaus. Nicht die Einsamkeit bedrückte ihn, nur die Tatsache, daß die anderen Möwen die Herrlichkeit des Fliegens nicht erleben konnten, daß sie sich weigerten anzunehmen, was ihr Leben sinnvoll und glücklich machen konnte. Täglich wurden seine Fähigkeiten vollkommener. Er lernte, was wahrhaft fliegen heißt, und er bereute nie den Preis, den er dafür bezahlt hatte. Er lebte ein wahrhaft lebenswertes Leben. Eines Abends geschah es: Zwei schimmernd weiße Möwen leuchteten durch die Nacht. „Wer seid ihr?“ fragte Jonathan. „Wir sind von deiner Art, Jonathan. Wir sind deine Brüder. Wir kommen aus der Sternenhöhe des Himmels, um dich höher hinauf zu geleiten. Wir holen dich heim. Deine Lehrzeit ist zu Ende. Die Zeit ist gekommen, um in einer anderen neu zu beginnen. Mit einem letzten langen Blick nahm Jonathan Abschied. Dann erhob er sich mit den beiden sternenhellen Möwen und entschwand in vollkommene Dunkelheit.[16]

16 Verkürzt und etwas verändert nach Richard Bach, Die Möwe Jonathan, 1. Teil, Frankfurt/M. / Berlin 1977.

Gespräch

Kind: Was wird uns mit dieser Fabel gesagt?

Lektor: Diese Fabel wurde geschrieben für die wirkliche Möwe Jonathan, die in uns allen lebt. Sie wurde geschrieben für Menschen, die das Abenteuer des Liebens wagen, die über das normale Mittelmaß hinaus wollen.

Kind: Sie sagen: Für Menschen, die das Abenteuer des Liebens wagen. Das gilt doch besonders von Jesus.

Lektor: Und von allen Menschen, die so leben und lieben wollen wie er. Jesus hat die Liebe geübt wie Jonathan das Fliegen. Er hat geliebt über alle Hindernisse hinweg.

Kind: Jesus hat durch seine große Liebe zu Gott und allen Menschen dem Leben einen neuen Sinn gegeben.

Lektor: Er hat uns gezeigt: Die Liebe gibt dem Leben einen neuen Inhalt. Lieben ist schöner und sinnvoller, als nur sein Leben durch Nahrung, Kleidung und Geld abzusichern.

Kind: Menschen, die sich nur um das bemühen, was ihr Leben erhält, erfahren bald Langeweile, Angst und Zorn. Jonathan sagt: Sie verkürzen das Leben nur.

Lektor: Fliegen, das heißt lieben, macht frei und glücklich. Wer liebt, kann sich über alles, was unwichtig ist, erheben. Jesus hat uns gezeigt, wieviel ein Mensch lieben kann, und daß Lieben ganz glücklich macht.

Kind: Wie Jonathan durch das Fliegen, so wurde Jesus durch seine große Liebe zum Außenseiter. Er blieb auch nicht bei den frommen Leuten seiner Zeit.

Lektor: Das stimmt. Er konnte sich mit ihren Gesetzen, Gebräuchen und Vorstellungen nicht zufriedengeben. Er ging in seiner Liebe neue Wege bis hin zu den Zöllnern und Sündern. Er hielt sich nicht an die Gesetze seines Volkes. Mit seiner Liebe durchbrach er die Mauern zu den Armen, Kranken, Ausgestoßenen und Sündern. Ihnen bot er Gottes Liebe und Gemeinschaft an.

Kind: Wie Jonathan, so erntete auch Jesus keine Bewunderung. Seine grenzenlose Liebe löste Ablehnung, Haß und Neid aus.

Lektor: So wie Jonathan wurde auch Jesus von den Ältesten seines Volkes verurteilt und ausgestoßen. Er, der ein sinnvolles Leben, den Weg in eine neue Zukunft weisen und zum Glück aller beitragen wollte, der eine neue Gemeinschaft mit Gott brachte, der seinen Freunden diente, die Füße wusch und sich selbst als Speise an die Menschen verschenkte, der allen Menschen ein Bruder und Helfer sein wollte, er wurde verurteilt, ausgestoßen und getötet.

Kind: Jesus antwortete auf seine Verurteilung nicht mit Haß und Gewalt. Die Verurteilung hat ihn sicher auch nicht am meisten bedrückt, sondern die Tatsache, daß die Menschen sich weigerten, seine Liebe und seine Frohe Botschaft anzunehmen, daß sie das ablehnten, was ihr Leben sinnvoll und glücklich machen konnte.

Lektor: Jesus gab seine Liebe nicht auf. Sterbend betete er noch für seine Feinde. Liebend ging er in den Tod und besiegte ihn durch seine Liebe. Die Liebe erhob ihn über alle. Für immer ging er ein in das Reich des Lichtes und der Liebe. Das feiern wir am Fest „Christi Himmelfahrt".

Evangelium

Bevor Jesus für immer einging in das Reich des Lichtes und der Liebe, gab er uns einen Auftrag. Den wollen wir nun hören.

Jesus sagt: Ich gebe euch eine neue Aufgabe: Ihr sollt einander lieben. Wie ich euch liebe, so sollt auch ihr einander lieben. Das wird das Zeichen sein, an dem die Menschen sehen werden, daß ihr zu mir gehört, wenn ihr in Liebe miteinander lebt. Ich sage euch das, damit ihr Freude habt und eure Freude immer größer werde. Gebt die Liebe weiter, die ihr von mir empfangen habt. Liebt einander so, wie ich euch geliebt habe. (nach Joh 15,10ff)

Ansprache

Jesus ist für immer bei Gott. Er ist ganz in der Liebe, im Licht Gottes. Er will mit uns und durch uns die Menschen lieben. Wir sollen lieben und uns wie Jesus um die Armen, Kleinen, Kranken und Unterdrückten kümmern. Wir sollen lieben wie er, weil dadurch unser Leben sinnvoller und glücklicher wird. Der Weg Jesu ist auch unser Weg.

Dieser Weg ist nicht leicht. Wir müssen wie Jonathan viel üben und auf vieles verzichten, damit es uns gelingt. Wenn wir uns wie Jonathan und Jesus nicht zufriedengeben mit dem, was alle tun, müssen wir es in Kauf nehmen, daß andere uns auslachen und uns zu Außenseitern machen. Jesus aber steht mit seiner ganzen Liebe zu uns. Er geht mit uns den Weg der Liebe. Im heiligen Mahl gibt er uns immer wieder die Kraft, daß wir durchhalten und nicht aufgeben. Hier gibt er uns immer wieder den Auftrag, einander zu lieben. Nur die Liebe macht unser Leben sinnvoll und glücklich. Nur die Liebe überwindet unsern Tod. Wer liebt, kann sich über alle Abgründe erheben. Wer liebt, wird für immer aufgenommen in das Reich des Lichtes und der Liebe. Lieben lohnt sich. Beginnen wir noch heute damit!

Fürbitten

Priester: Gott, du bist die Liebe. Du willst, daß wir einander so lieben, wie Jesus es uns gezeigt hat. Wir bitten dich:

1. Kind: Laß uns Christi Füße sein, laß uns Christi Hände sein, laß uns Christi Augen sein, laß uns Christi Mund sein, damit wir lieben, wie er geliebt hat.

Liedvers:	Herr, gib uns Mut zum Lieben, dort, wo wir heute sind. Wir danken dir, wo neu dein Reich beginnt. (nach GL 521)
2. Kind:	Laß uns Christi Füße sein. Laß uns zu den Menschen gehen, die krank, traurig und einsam sind. Laß uns dahin gehen, wohin seine Liebe uns treibt.
Liedvers:	Herr, gib uns Mut zum Lieben ...
3. Kind:	Laß uns Christi Hände sein. Laß uns barmherzig und hilfsbereit das tun, wozu uns die Liebe Christi drängt.
Liedvers:	Herr, gib uns Mut zum Lieben ...
4. Kind:	Laß uns Christi Augen sein. Laß uns die Not der Menschen sehen und ihnen die Botschaft von der Vergebung und der Freiheit bringen.
Liedvers:	Herr, gib uns Mut zum Lieben ...
5. Kind:	Laß uns Christi Mund sein. Laß uns zu allen Menschen, mit denen wir zusammenleben, Worte des Friedens und der Erlösung sagen, die uns die Liebe Christi eingibt.
Liedvers:	Herr, gib uns Mut zum Lieben ...
Priester:	Herr, hilf uns, die Welt mit deiner Liebe zu verwandeln. Hilf uns, daß wir dabei nie mutlos werden und aufgeben. Amen.

Gabengebet

Gott, wir haben deine guten Gaben, Brot und Wein, auf dem Altar bereitet. Sie sagen uns: Gebt diese Gaben weiter an alle Menschen, die Hunger und Durst haben nach Liebe, Frieden und Gerechtigkeit. Sende uns deinen Geist der Liebe und verwandle diese Gaben zu Zeichen deiner Nähe und Liebe unter uns. Amen.

Präfation

Gott, wir loben dich und wir danken dir, denn du läßt uns nicht allein. Das hast du uns in Jesus gezeigt. Er wußte, daß du mit deiner ganzen Liebe bei ihm bist. Deshalb wagte er es, ganz in Liebe für die Menschen dazusein. Liebend ist er für uns in den Tod gegangen. Er ist nun für immer in deinem Licht und in deiner Liebe. Du hast ihn verherrlicht und erhöht. Dafür danken wir dir und singen zu deinem Lob:
Heilig, heilig, heilig ...

Schlußgebet

Gott, wir haben das größte Zeichen deiner Liebe empfangen: deinen Sohn Jesus Christus. Er ist in seiner Liebe bei uns alle Tage bis ans Ende der Welt. Laß uns nun mit ihm unsere Brüder und Schwestern lieben und annehmen, wie du dich unserer angenommen hast durch Christus, unsern Freund und Bruder. Amen.

Warten auf den Geist Jesu

Einführung

Wir beginnen unsern Gottesdienst im Namen Gottes, der uns Leben schenkt und der unser Leben immer wieder in Bewegung bringt.
Wir beginnen im Namen Gottes, den wir Vater nennen, der uns als seine Kinder angenommen hat.
Wir beginnen im Namen Jesu, des Sohnes Gottes, der uns Bruder geworden ist und der uns alle zu Brüdern und Schwestern macht, der uns einen Weg zeigt zum Glück und zum Leben und der uns hilft, diesen Weg zu gehen.
Wir beginnen im Namen des Heiligen Geistes, der von Jesus ausging und immer noch ausgeht, wenn man auf ihn hört.
So beginnen wir im Namen des Vaters ...
Jesus will uns seinen Geist, seinen guten Geist geben. Der Geist Jesu will uns zusammenführen und miteinander verbinden. Im Geiste Jesu können wir miteinander und füreinander leben.

Kind: In manchen Familien herrscht ein schlechter Geist. Eltern und Kinder verstehen sich nicht. Jeder denkt nur an sich. Jeder möchte, daß der andere ganz für ihn da ist. Jeder möchte etwas vom anderen haben.

Kind: In manchen Häusern herrscht ein schlechter Geist. Die Hausbewohner grüßen sich nicht, sie helfen sich nicht. Jeder lebt für sich. Manche zanken und streiten sich.

Kind: Manchmal herrscht in der Klasse ein schlechter Geist. Da sind Kinder schrecklich eifersüchtig, da kommt Neid auf, wenn andere Kinder bessere Noten haben. Wer anderen nicht gönnt, was sie haben, hat keinen guten Geist.

Priester: Ganz anders verhalten sich Menschen, die aus dem Geist Jesu leben. Aus eigener Kraft aber können wir nicht so leben, wie Jesus gelebt hat. Wir brauchen dazu die Hilfe Gottes, den Heiligen Geist.

Kind: Jesus, wir brauchen deinen Geist, damit wir gut zueinander sein können.
Jesus, wir brauchen deinen Geist, damit wir sehen und tun, was Gott von uns will.

Priester: Herr, erbarme dich!

Kind: Jesus, wir brauchen deinen Geist, damit wir Frieden miteinander halten können.

	Jesus, wir brauchen deinen Geist, damit wir in Liebe füreinander dasein können.
Priester:	Christus, erbarme dich!
Kind:	Jesus, wir brauchen deinen Geist, damit wir froh und hilfsbereit sein können.
	Jesus, wir brauchen deinen Geist, damit wir wahr und zuverlässig sein können.
Priester:	Herr, erbarme dich!

Gebet

Gott, gib uns deinen guten Geist, damit wir froh und hilfsbereit sein können. Gib uns den Geist Jesu, damit wir einander lieben und uns einsetzen für eine bessere und gerechtere Welt, für Frieden und Freiheit. Gib uns deinen Heiligen Geist, denn aus unserer Kraft allein schaffen wir das nicht. Laß uns in deinem Geist leben und handeln durch Jesus und mit ihm — heute und an allen Tagen. Amen.

Hinführung zur Schriftlesung

Lektor:

Obwohl Jesus tot war und seine Gegner glaubten, nun sei es mit ihm aus, war es in Wirklichkeit ganz anders. Seine Freunde dachten an ihn und erzählten von ihm. Sie tauften Menschen in seinem Namen und bildeten immer größere christliche Gemeinschaften. Eine innere Kraft drängte sie. Viele Menschen kamen und hörten zu. Sie glaubten den Jüngern Jesu. Sie halfen den Armen und Kranken, wie Jesus es getan hatte. Die Menschen fragten: Woher kommt das nur?

Einige sagten: Das kommt von Gott. Gott ist es, der bewirkt, daß so viele Menschen auf Jesus hören und so leben wollen, wie er gelebt hat. Jesus ist nicht tot. Gott hat ihn erhöht, er hat ihn zum Herrn gemacht und ihn über diese Welt gesetzt.

Die Jünger Jesu wußten, daß das wirklich so war. Deshalb erzählten sie, weshalb man Jesus nicht mehr sieht und seit wann das so ist, und sie erzählten auch, daß er seinen Geist zu den Menschen sendet, weil er es so versprochen hat. Lukas hat uns dies in der Apostelgeschichte aufgeschrieben:

Schriftlesung:

Priester:

Als Jesus mit seinen Freunden beim Mahl zusammen war, sagte er zu ihnen: „Bleibt in Jerusalem! Betet und wartet hier auf den Heiligen Geist. Gott wird ihn euch schenken. Ich werde ihn euch senden. Ihr werdet es merken. Ihr werdet die Kraft spüren, die euch zum Guten drängt. Ihr werdet euch freuen. Ihr werdet begeistert sein. Wartet und betet, bis er kommt.

Wenn der Heilige Geist kommt, werdet ihr Kraft haben, Freude und Mut. Ihr

werdet überall hingehen. Ohne Angst werdet ihr von mir erzählen in Jerusalem, im ganzen Land, in allen Ländern, ja, bis ans Ende der Welt. Überall werdet ihr sagen: Es stimmt, was Jesus gesagt hat. Sein Wort ist wahr! Ihr werdet es bezeugen, wie Zeugen vor Gericht. Ihr werdet seine Zeugen sein."
Nach diesen Worten nahm eine Wolke Jesus in den Himmel auf. Als sie ihn nicht mehr sahen, da kehrten sie um. Die Jünger gingen vom Ölberg nach Jerusalem zurück. Sie gingen durch die Straßen der Stadt in ein Haus. Sie versammelten sich im oberen Raum. Dort beteten sie zusammen mit den anderen Freunden Jesu und mit den Frauen, die immer bei Jesus waren, und mit Maria, der Mutter Jesu. Sie warteten auf den Heiligen Geist. Sie wollten überall von Jesus erzählen, seine Boten sein und im Sinne Jesu, in seinem Geist, leben. Dazu brauchten sie die Kraft Gottes, den Heiligen Geist. (nach Apg 1,4.8.—9.12—14)

Ansprache
Da ist Stefan. In der Schule schreibt er nur gute Arbeiten. Immer bringt er erstklassige Zeugnisse nach Hause. Die Eltern loben Stefan oft. Sie sind stolz auf ihn. Stefans Eltern aber machen sich auch Sorgen. Sie spüren immer mehr: Stefan hat keinen guten Geist. Seinetwegen gibt es in der Familie häufig Streit. Er gibt mit seinen guten Leistungen an. Er kommt sich groß und wichtig vor. Immer will er recht behalten. Oft sagt er zu seiner Schwester Andrea: „Sei du doch ruhig! Du hast ja keine Ahnung!" Stefan ist unfreundlich, und er drückt sich vor der Arbeit, wo er nur kann. Seine Schwester muß manche Arbeit für ihn mittun. Das ärgert Andrea.
Andrea kann nicht so gut lernen. Sie lernt zwar fleißig, aber gute Arbeiten und Zeugnisse sind bei ihr nur selten. Andrea wird nur selten gelobt. Stefan sieht immer ein bißchen von oben auf sie herab.
Eines Tages wird die Mutter krank. Sie muß sofort ins Krankenhaus. Was nun? Die Mutter macht sich große Sorgen. Wer kocht für die Familie? Wer hält die Wohnung sauber? Wer versorgt das Kleine? Der Vater muß zur Arbeit. Stefan? — Nein, Stefan kennt sich in Hausarbeiten nicht aus.
Auf ihn kann sie sich nicht verlassen. Andrea? — Sie ist zuverlässiger. Sie hat oft geholfen und eingekauft. Sie kennt sich am besten aus.
Bald stellt sich heraus, daß Mutters große Sorgen überflüssig sind. Andrea kauft ein, kocht, putzt und sorgt für das kleine Schwesterchen. Als eine Nachbarin hereinschaut, um zu helfen, braucht sie fast gar nichts zu tun. Andrea hat alles großartig in Ordnung.
Stefan steht in diesen Wochen sehr hilflos herum. Er kommt sich oft überflüssig vor. Wenn er helfen will, benimmt er sich sehr ungeschickt. Andrea erklärt ihm zwar alles mit viel Geduld, aber manchmal muß sie ihn fortschicken. Stefan muß erfahren, daß er in der Familie gar nicht so wichtig ist. Er hat zwar großartige Zeugnisnoten, aber Mutter erwartet jetzt nichts von ihm.
Als die Mutter nach einigen Wochen aus dem Krankenhaus kommt, findet sie zu

Hause einen veränderten Stefan vor. Stefan lebt aus einem ganz anderen Geist. Er ist bescheidener geworden. Er nimmt sich nicht mehr so wichtig. Er ist freundlicher und hilfsbereiter. Er versteht sich wieder mit seiner Schwester Andrea. Stefan lebt aus einem neuen Geist: aus dem Geist der Liebe, der Hilfsbereitschaft und Freundlichkeit. Stefan lebt aus einem guten Geist, deshalb gibt es in der Familie wieder Frieden und Freude. Er lebt aus einem neuen Geist, deshalb versteht er sich wieder mit Andrea.
Aus welchem Geist leben wir?
Jesus lebte immer aus einem guten Geist, aus dem Heiligen Geist. Er lebte im Geist des Friedens und der Freude. Er lebte aus dem Geist der Liebe und der Brüderlichkeit, aus dem Geist des Dienens, des Verstehens und der Wahrheit.
Die Freunde Jesu wollten auch aus diesem guten Geist, aus dem Geist Jesu, leben. Aus eigener Kraft aber konnten sie es nicht. Deshalb blieben sie nach der Himmelfahrt Jesu zusammen und beteten gemeinsam um den Heiligen Geist.
Gott will auch uns den guten Geist, den Heiligen Geist schenken. Im Geiste Jesu sollen wir miteinander und füreinander leben, weil wir nur so glücklich werden können.

Fürbitten

Priester: Gott, wir bitten dich heute besonders um den Geist Jesu. Schenke uns den guten Geist, den Heiligen Geist. Durch ihn machst du alles neu: die Erde und uns selber.

Kind: In unserer Welt sind viele Menschen traurig und bedrückt. Viele haben Kummer und weinen.
Schenke allen den Geist der Freude!

Alle: Gib uns allen deinen Geist!

Kind: In unserer Welt gibt es viele Menschen, die stolz, egoistisch und habgierig sind. Sie denken nur an sich und versuchen, alles an sich zu reißen.
Schenke allen den Geist der Liebe und Brüderlichkeit!

Alle: Gib uns allen deinen Geist!

Kind: In unserer Welt gibt es viele Menschen, die andere beherrschen, unterdrücken, ausnutzen und ausbeuten.
Schenke allen den Geist der Demut!

Alle: Gib uns allen deinen Geist!

Kind: In unserer Welt gibt es viele Menschen, die lügen und sich verstellen.
Schenke allen den Geist der Wahrheit!

Alle: Gib uns allen deinen Geist!

Kind: In unserer Welt gibt es viele Menschen, die sich zanken, streiten und hassen, die Krieg führen, andere gefangennehmen oder als Geiseln entführen.
Schenke allen den Geist des Friedens!

Alle: Gib uns allen deinen Geist!

Kind: In unserer Welt gibt es viele Menschen, die Angst haben, die mutlos sind und ohne Hoffnung leben.
Schenke allen den Geist der Tapferkeit!

Alle: Gib uns allen deinen Geist!

Kind: In unserer Welt gibt es viele Menschen, die verwirrt sind, die falschen Idolen oder Götzen nachlaufen. Viele sind gleichgültig geworden und gehen nicht mehr den Weg, den du uns durch Jesus gezeigt hast.
Schenke allen den Geist des Glaubens!

Alle: Gib uns allen deinen Geist!

Priester: Gott, gib uns deinen Heiligen Geist. Laß uns immer besser verstehen, was du von uns erwartest. Gib uns den Geist Jesu, deines Sohnes, damit wir Gutes tun und so leben, wie er gelebt hat. Amen.

Gabengebet

Gott, nimm Brot und Wein von uns an. Wir schenken dir damit unsere Liebe und unser Leben. Verwandle uns mit diesen Gaben und mache uns zu Menschen, die sich ganz vom Geiste Jesu führen lassen. Darum bitten wir durch Jesus, unsern Freund und Bruder. Amen.

Präfation

Es ist gut und richtig, dir, großer Gott, immer und überall zu danken. Wir danken dir für Jesus Christus, deinen Sohn, der uns hier zusammengeführt hat. Wir danken dir, daß du uns durch ihn immer wieder deinen Heiligen Geist gibst. Er macht uns froh und mutig. Er macht uns wahrhaftig und gut. Durch ihn können wir erkennen, daß Jesus lebt und hier bei uns ist. Mit allen, die aus deinem Geist leben, loben wir dich und singen voll Freude:
Heilig, heilig, heilig, ...

Friedensgruß

Wo Menschen den Geist des Friedens haben,
da endet Neid, Eifersucht und Streit.

Wo Menschen den Geist des Friedens haben,
da wird Versöhnung und echte Gemeinschaft möglich.

Wo Menschen den Geist des Friedens haben,
da gibt es Hoffnung und neues Leben.

Um diesen Geist des Friedens bitten wir!
Wir wollen den Frieden, den Gott uns schenkt, weitergeben an andere, an alle Menschen, die uns heute begegnen.
Zum Zeichen dafür geben wir jetzt einander die Hand und wünschen uns den Frieden.

DER FRIEDE DES HERRN SEI ALLEZEIT MIT EUCH!

Schlußgebet
Gott, wir danken dir für dieses Mahl, das wir im Geiste Jesu gefeiert haben. Du hast uns gestärkt und uns mit dir und untereinander vebunden. Laß uns aus dem Geist Jesu leben und anderen Menschen Liebe, Frieden und Freude schenken. Laß uns aus dem Geist Jesu leben und aus seiner Kraft uns einsetzen für eine bessere und gerechtere Welt. Amen.

Pfingsten

Pfingsten – ICH VERSTEHE DICH!

Vorzubereiten:
35 Kartons mit farbigem Papier bekleben und von Kindern auf die Vorderseite schreiben lassen, was uns voneinander trennt. Auf der Rückseite wird je ein großer Buchstabe von dem folgenden Text geschrieben: Pfingsten – ICH VERSTEHE DICH – Pfingsten.

Einführung
Mitten durch unser Land ist eine Grenze gezogen. Die Grenze können wir nicht ohne weiteres überschreiten, überfahren. Da ist ein Halteschild, ein Schlagbaum. Jenseits der Grenze spricht man eine andere Sprache. Da verstehen wir uns nicht mehr oder nur noch sehr schwer.
Mitten durch Berlin ist ein Stacheldraht gezogen, eine Todesgrenze. Wer ohne Erlaubnis diese Grenze überschreitet, der muß mit dem Tod rechnen. Auf beiden Seiten sprechen Menschen die gleiche Sprache. Auf beiden Seiten wohnen Christen, aber wir verstehen uns oft nicht mehr.
In unserer Welt gibt es viele Grenzen. Immer wieder bauen wir Mauern und ziehen wir Grenzen. Wo Menschen sich voneinander abgrenzen, da verstehen sie sich oft nicht mehr.

Mutter: Mitten durch viele Familien geht ein Riß, ein Sprachriß, eine Grenze. Die Familienmitglieder wohnen noch zusammen, sprechen die gleiche Sprache, aber sie verstehen einander nicht mehr. „Ich kann dich nicht verstehen", sagt der Mann zu seiner Frau. „Ich verstehe dich nicht mehr", sagt die Mutter zu ihrem heranwachsenden Sohn. „Du willst mich nicht verstehen", sagt die Tochter zu ihrer Mutter.

Vater: Viele Familien wohnen in einem großen Haus, aber keiner versteht den anderen. Man will sich auch nicht verstehen. Keiner bemüht sich darum.

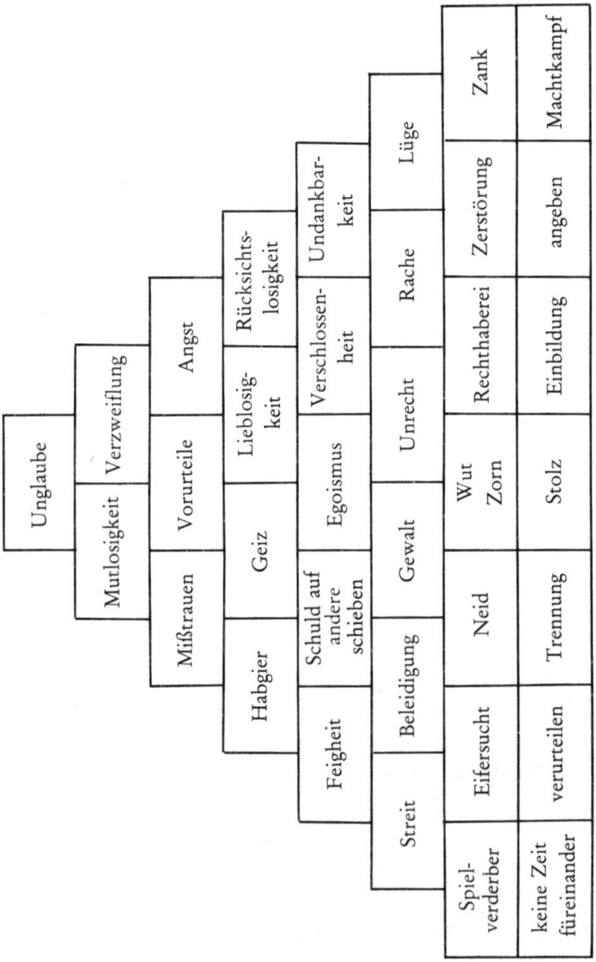

Kind: Die Kinder in der Schule verstehen sich oft nicht mehr. Lehrer verstehen die Kinder nicht, und Kinder können ihre Lehrer nicht verstehen.

Lektor: „Ich verstehe die Welt von heute nicht mehr! Ich verstehe die Jugend nicht mehr. Ich kann die Kinder nicht mehr verstehen", so klagen viele Menschen. Woher kommt es, daß wir einander nicht mehr verstehen?

(Kinder bauen jetzt eine Mauer, einen Turm. Auf den Bausteinen steht alles, was dazu beiträgt, daß wir uns nicht mehr verstehen.)

Bußakt

Kind: Wir verstehen uns nicht mehr, weil wir Mauern aufrichten. Wir nehmen uns keine Zeit füreinander, sprechen nicht mehr miteinander, hören nicht mehr aufeinander. Wir verurteilen einander oder ziehen uns zurück und schließen uns ein. Jeder lebt und sorgt für sich, deshalb verstehen wir uns nicht mehr.

Vater: Wir sind oft stolz und eingebildet. Jeder will größer, mächtiger und reicher sein als der andere. Wir geben an mit dem, was wir leisten, und mit dem, was wir haben. Wir beachten die Schwächeren nicht mehr, verachten sie, behandeln sie von oben herab. Wir lassen andere unsere Macht und Überlegenheit spüren, deshalb verstehen wir uns nicht mehr.

Kind: Wir sind oft Spielverderber. Wir können nicht gut verlieren. Wir sind eifersüchtig, neidisch, wütend und zornig aufeinander. Wir zerstören anderen ihr Glück, deshalb verstehen wir uns nicht mehr.

Kind: Wir zanken, streiten und beleidigen uns oft. Wir setzen uns mit Gewalt durch und fügen anderen Unrecht zu. Statt zu vergeben, rächen wir uns. Wir belügen einander und sind zu feige, unsere Schuld zuzugeben. Wir schieben unsere Schuld auf andere. Wir können uns nicht mehr entschuldigen, deshalb verstehen wir uns nicht mehr.

Mutter: Wir sind oft egoistisch, verschlossen und undankbar. Wir sind habgierig, geizig, lieblos und rücksichtslos. Weil wir nicht mehr in Liebe miteinander und füreinander leben, deshalb verstehen wir uns nicht mehr.

Jugendl.: Wir sind oft voller Mißtrauen und Vorurteilen anderen gegenüber. Weil wir kein Vertrauen zu uns selbst haben, fühlen wir uns oft minderwertig. Wir stecken voller Angst und sind oft mutlos und ohne Hoffnung. Weil wir nicht mehr glauben und vertrauen können, deshalb verstehen wir uns nicht mehr.

Priester: Herr, erbarme dich! ...

Lektor: Immer wieder erleben wir es, daß Menschen sich zanken und streiten. Sie reden nicht mehr miteinander und hören nicht aufeinander. Sie richten Mauern auf zwischen sich und anderen, hohe Türme, die nicht mehr zu übersteigen sind. Diese Mauer, dieser Turm erinnert uns an den Turm von Babel. Wo ist Babel heute? — Ist es bei uns? Im Alten Testament wird uns die Geschichte vom Turmbau zu Babel erzählt:

Lesung

Da ist eine Stadt. Sie ist groß, reich und mächtig. Die Bewohner der Stadt halten zusammen. Sie verstehen sich. Sie planen und arbeiten miteinander. Eines Tages beschließen sie: „Wir bauen einen Turm, fest und groß. Wir bauen ihn so hoch, daß er bis zum Himmel reicht. Die Völker ringsum werden staunen. Wir werden berühmt sein. Mit dem Prachtwerk machen wir uns einen großen Namen." Die Menschen stimmen dem Plan zu und jubeln: „Ja, wir bauen einen Turm, dessen Spitze bis zum Himmel reicht. Wenn er fertig ist, werden wir wie Gott sein und über die ganze Erde herrschen."
Sie bauen und bauen. Bald aber gibt es Streit. Einer glaubt, er sei größer und wichtiger als der andere. Immer mehr Menschen streiten sich. Jeder will der Größte sein, jeder will sich einen Namen machen. Plötzlich sind alle gegeneinander. Sie verstehen sich nicht mehr. Ihre Sprache ist verwirrt. Sie laufen durcheinander. Sie schreien sich an, aber keiner versteht den anderen. Der Streit wird immer heftiger. Eines Tages wankt und schwankt der Turm, dann stürzt er ein.

(nach Gen 11,1—9)

(Turm einstürzen)
Die Bewohner von Babel verstehen sich nicht mehr. Sie laufen auseinander. Sie laufen über die ganze Erde, sogar bis nach ..., bis zu uns. Bis auf den heutigen Tag verstehen sich viele Menschen nicht mehr oder nur noch sehr schwer.

Gebet

Gott, du kennst uns. Du weißt, daß wir uns verstehen möchten, daß wir in Liebe miteinander leben möchten. Allein, aus eigener Kraft schaffen wir das nicht. Darum bitten wir dich, schenke uns deinen Heiligen Geist, den Geist des Friedens und der Einheit, der uns hilft, alle trennenden Mauern und Grenzen zu überwinden. Gib uns deinen Heiligen Geist, den Geist der Liebe und Wahrheit, der uns hilft, einander zu verstehen. Gib uns deinen feurigen Geist, der alle ansteckt und die Berge der Bosheit zwischen uns zum Schmelzen bringt. Gib uns deinen lebendigen Geist, der wie ein Sturm alles, was dürre und morsch ist, abbricht und der uns drängt, das zu tun, was du von uns willst. Komm, Heiliger Geist, durch Jesus Christus, unsern Herrn. Amen.

2. Lesung
Am Pfingsttag hatten sich viele von den Freunden Jesu in Jerusalem versammelt, um miteinander zu beten. Da erhob sich plötzlich ein Sturm. Ein gewaltiges Brausen erfüllte das ganze Haus. Wie ein Feuer kam der Geist Gottes über die Jünger und entflammte sie. Sie begannen, mit feurigen Zungen von Gott und von Jesus zu erzählen.
Viele Juden waren in Jerusalem, fromme Männer aus aller Welt. Sie waren in fremden Ländern geboren und redeten in verschiedenen Sprachen. Sie hörten das Brausen und kamen zusammen. Sie hörten die begeisterten Jünger reden. Und jeder konnte sie verstehen. Sie wunderten sich, daß alle Sprachschwierigkeiten plötzlich behoben waren. Sie sagten: „Das sind doch Galiläer, die reden doch sonst ganz anders als wir. Wie kommt es, daß wir sie in unserer Muttersprache reden hören?" Einige spotteten und sagten: „Die sind betrunken." Andere sagten: „Das hat Gott gemacht." Das ist das Wunder von Pfingsten. Gottes Geist bewirkt, daß alle sich verstehen können. (nach Apg 2,1—13)

Ansprache
Auch bei uns muß Pfingsten werden, damit wir uns wieder verstehen. Alles, was uns hindert, einander zu verstehen, muß verändert, überholt, erneuert werden. Jemand muß uns umdrehen, helfen bei der Umkehr. Wo wir neu beginnen, einander zu verstehen, wo wir neu werden und beginnen, die Welt im Geiste Jesu zu erneuern, da geschieht auch heute noch das Pfingstwunder.
Versucht aus den Trümmern etwas Neues zu schaffen! Dreht die Bausteine um, auf denen unsere Schwächen, Fehler und Sünden stehen. Baut daraus etwas Neues.
(Aufbau der Brücke: Pfingsten — ICH VERSTEHE DICH — Pfingsten.)

I C H V E R S T E H E D I C H

(Altar)

P P
F F
I I
N N
G G
S S
T T
E E
N N

Etwas ganz Neues ist aus den alten Bausteinen geworden. Etwas ganz Neues kann aus uns werden, wenn wir umkehren, wenn wir es geschehen lassen, daß Gottes Geist uns neu macht. Gottes Geist ist gekommen, um das Angesicht der Erde zu erneuern, um uns ganz neu zu machen.

Da ist keine Mauer, die uns voneinander trennt, da ist eine Brücke, die uns miteinander verbindet. ICH VERSTEHE DICH! Wer das sagt, der schlägt Brücken zu anderen Menschen. ICH VERSTEHE DICH! Dieser Satz verbindet, schafft Gemeinschaft, Einheit.

ICH VERSTEHE DICH! Sag das zu deinem Mitschüler, der von seinen Freunden im Stich gelassen wird. Sag es zu einem Kind, das stottert oder sich nicht richtig ausdrücken kann. Sag es zu einem ängstlichen Kind, das sich immer bedroht und abgelehnt fühlt.

ICH VERSTEHE DICH! Sag es zu einem Kind, das immer schlechte Noten bekommt. Sag es zu einem Kind, das von seinen Eltern immer alleingelassen wird, sag es zu einem Gastarbeiterkind, das sich anders verhält als du.

ICH VERSTEHE DICH! Sag das zu deinen Geschwistern, wenn sie traurig oder wütend sind, wenn sie Kummer haben oder sich ärgern. Sag es auch dann, wenn dir ein ganz anderer Satz auf der Zunge liegt.

ICH VERSTEHE DICH! Sag das zu deinem Vater, wenn er abends müde heimkommt. Sag es zu deiner Mutter, wenn sie nervös und gereizt ist. Sag es, wenn es Streit gibt in der Familie und jeder sein Recht behauptet und durchsetzen will.

ICH VERSTEHE DICH! Sag es zu einem alten, einsamen Menschen, der sich durch dich in seiner Ruhe gestört fühlt. Sag es zu einem, der dir im Bus den Sitzplatz wegnimmt.

ICH VERSTEHE DICH! Sagen Sie das zu Ihrem Kind, auch dann, wenn es sich anders verhält, als Sie es erwarten. Sagen Sie es zu Ihrem heranwachsenden Sohn, zu Ihrer großen Tochter, mit der Sie in Spannung leben. Sagen Sie das zu Ihrem Mann, zu Ihrer Frau, zu Ihren Nachbarn und Kollegen!

ICH VERSTEHE DICH! Wann haben wir diesen Satz zuletzt einem Menschen gesagt? Wer wartet darauf, daß ich es ihm sage?

ICH VERSTEHE DICH! Sagen wir es! Aber sagen wir es nicht nur!

ICH VERSTEHE DICH! Ich kann dich gut verstehen! Wer das sagt, der baut Brücken der Verständigung, der schenkt Gemeinschaft. Wer immer versucht, den anderen zu verstehen, der lebt aus dem Geist Jesu. Wo Menschen sich verstehen, wo sie in Liebe einander verstehen, da ist Heiliger Geist wirksam, da ist Pfingsten.

Gabengebet
Gott, du hast durch deinen Heiligen Geist aus zaghaften Männern mutige Apostel gemacht. Durch ihn hast du bewirkt, daß Menschen verschiedener Sprachen einander verstehen. Wir bitten dich: Verwandle uns mit diesen Gaben zu Menschen, die einander lieben und verstehen. Amen.

Präfation
In Wahrheit ist es würdig und recht, dir, Gott,
immer und überall zu danken.
Du sprichst zu uns in vielerlei Sprachen,
in lauten und leisen, in alten und neuen.
Du sprichst zu uns durch alles, was du gemacht hast.
Wir danken dir, Gott, weil du dich uns verständlich gemacht hast durch Jesus, deinen Sohn.
Er hat eine neue hoffnungsvolle Sprache gesprochen,
die Sprache der Liebe, die wir von ihm lernen möchten.

Er macht es möglich, daß wir in vielen Sprachen den einen Glauben bekennen und Spaltung und Haß überwinden. Seinetwillen preisen wir dich und singen voll Freude:
Heilig, heilig, heilig ...

Schlußgebet

Kind:	Gott, du bist mitten unter uns. Gib uns deinen Heiligen Geist, damit wir in deinem Geiste leben und handeln.
Alle:	Gib uns allen deinen Geist!
Kind:	Gib uns den Geist deines Sohnes Jesus Christus, damit wir einander lieben und verstehen.
Alle:	Gib uns allen deinen Geist!
Kind:	Gib uns den Geist der Freude und der Brüderlichkeit, den Geist des Friedens und der Wahrheit, damit wir uns verstehen über alle Sprachschwierigkeiten in der Welt hinweg.
Alle:	Gib uns allen deinen Geist!
Kind:	Gib uns den Geist des Glaubens und der Hoffnung, so kann dein Reich kommen. Dein Reich komme, in dem einer den andern versteht. Amen.

Gott ist Gemeinschaft

Einführung

1. Kind: Manche Menschen denken:
Gott lebt einsam und allein,
weit von uns entfernt, im Himmel.

2. Kind: Von Jesus aber wissen wir:
Gott ist Gemeinschaft. Er teilt sich mit.
Er lebt im Miteinander. Er ist ein dreifaltiger Gott:
Vater, Sohn und Heiliger Geist.

1. Kind: Manche Menschen denken:
Gott ist reich, er hat alles, was er sich wünschen kann,
er braucht seinen Reichtum mit keinem zu teilen.

2. Kind: Von Jesus aber wissen wir:
Gott behält nichts für sich.
Alles, was er hat, verschenkt er. Er verschenkt sich selbst ganz
und gar mit Haut und Haar. Er ist Gemeinschaft.

1.Kind: Manche Menschen denken:
Gott ist ein mächtiger und großer Herrscher,
der den Menschen befiehlt, was sie tun sollen,
und der sich von uns Menschen bedienen läßt.

2. Kind: Von Jesus aber wissen wir:
Gott liebt uns. Er bedient uns. Er will Gemeinschaft mit uns.
Gott lebt ganz für uns. Er will für uns dasein.

Priester: Gott ist glücklich, weil er liebt und in Gemeinschaft lebt. Wer einsam und allein lebt, der kann nicht glücklich werden. Wir Menschen können nur glücklich werden, wenn wir — wie Gott — miteinander und füreinander leben. Je mehr wir uns helfen und lieben, um so ähnlicher werden wir Gott.

Bußakt

3. Kind: Gott, du bist Gemeinschaft. Du bietest uns die Gemeinschaft mit dir an. Wir vergessen das oft. Wir suchen nicht immer die Gemeinschaft mit dir. Darum bitten wir:

Alle: Herr, erbarme dich!

4. Kind: Gott, du bist ein Gott der Gemeinschaft. Wir können nur glücklich werden, wir nach deinem Beispiel in Liebe miteinander und für-

	einander leben. Wir aber denken oft nur an uns und zerstören dadurch die Gemeinschaft. Darum bitten wir:
Alle:	Christus, erbarme dich!
5. Kind:	Gott, du bist Gemeinschaft. Dein Glück besteht darin, dich zu verschenken. Wir aber möchten uns festhalten, alles für uns behalten. Darum bitten wir:
Alle:	Herr, erbarme dich!

Gebet

Gott, du bist ein dreifaltiger Gott. Du lebst in Gemeinschaft. Du hast uns nach deinem Bild geschaffen. Laß uns heute neu von dir lernen, in Liebe miteinander und füreinander zu leben. Nur so können wir teilhaben an deiner Liebe, an deinem Glück, an deinem Leben. Darum bitten wir durch Jesus, deinen Sohn, der mit dir und dem Heiligen Geist ewig lebt. Amen.

Evangelium

Viele Menschen kommen zu Jesus.
Sie wollen ihn alle hören.
Er sagt ihnen sein frohmachendes Wort.
Die Leute haben viele Fragen:
„Wo ist denn Gott?
Hat er uns verlassen?
Sieht er uns nicht mehr?
Kümmert er sich nicht um uns?
Läßt er uns ganz allein?
Kommt Gott nicht mehr zu uns?"
So fragen die Leute Jesus.

Und Jesus antwortet ihnen.
Er erzählt von Gott:
Gott hat euch nicht verlassen!
Gott kümmert sich um euch!
Gott ist mein Vater.
Der Vater hat mich zu euch gesandt.
Gottes Kraft ist in mir.
Der Vater hat mir einen Auftrag gegeben,
den ich erfüllen soll.
Der Vater ist mächtiger und herrlicher als ich.
Seine Nähe ist für euch ein starker Schutz.
Wer mich sieht, sieht den Vater.
Ich tue nichts aus mir selbst.

Und auch der Heilige Geist kommt nicht aus sich selbst.
Er kommt auch nicht für sich selbst.
Er kommt, um euch an alles zu erinnern,
was ich euch gesagt habe.
Durch ihn werdet ihr meine Botschaft verstehen. (nach Joh 12,44ff)

Ansprache

Gott ist dreifaltig, das heißt: Gott lebt in Gemeinschaft als Vater, Sohn und Heiliger Geist. Über dieses Geheimnis haben viele Menschen nachgedacht und dicke Bücher geschrieben.

Vom Bischof Augustinus wird erzählt, daß er oft und lange über dieses Geheimnis nachgedacht hat. Eines Tages, so wird erzählt, ging er am Strand des Meeres spazieren. Dabei dachte er angestrengt über den dreifaltigen Gott nach. Ein kleiner Junge, der am Strand des Meeres spielte, störte ihn dabei. Der Junge schöpfte mit einer Muschel Wasser aus dem Meer und schüttete es in eine kleine Grube. Bischof Augustinus blieb bei dem Jungen stehen und fragte: „Was machst du da?"

Das Kind antwortete: „Ich will das Meer in diese Grube schöpfen." Augustinus lächelte und sagte: „Kind, das ist doch unmöglich! Das große, weite Meer paßt doch nicht in diese kleine Grube!"

Da antwortete das Kind: „Und genauso unmöglich ist es, daß du den großen Gott mit deinem kleinen Verstand begreifen und erfassen kannst." Das Geheimnis des dreifaltigen Gottes ist für uns Menschen unfaßbar.

Wir können Gott mit unserem Verstand nicht begreifen. Das ist auch gar nicht notwendig. Viel wichtiger ist es, daß wir Gott erfahren und in seiner Nähe und Liebe leben. Wir können Gott erfahren, wo Menschen in Gemeinschaft und Liebe miteinander und füreinander leben. Wo Menschen sich lieben, da ist der Himmel, da ist Gott.

Wo Menschen aber nebeneinander herleben, wo sie gegeneinander sind, da ist Hölle. Es ist eine Qual, wenn man nicht beachtet, nicht geliebt und anerkannt wird. Hölle ist da, wo Streit ist, wo man sich nicht versteht und nicht miteinander spricht. Hölle ist da, wo Menschen alleingelassen werden, auch da, wo sie nur für sich alleine leben wollen, wo sie alles für sich behalten.

Wo wir aber Gemeinschaft, Liebe, Glück, Freundschaft und Frieden erfahren, da ist der Himmel, da ist Gott. Wo Menschen in Liebe miteinander und füreinander leben, da kann man Gott erfahren, da kann man Gott sehen.

„Wer mich sieht, sieht den Vater", sagt Jesus — und überall, wo Menschen leben und lieben wie Jesus, da ist Gott unter ihnen, da zeigt sich, wie Gott ist. Denn Jesus hat uns gezeigt, wie Gott ist. Er hat uns den Himmel geschenkt, Gemeinschaft mit Gott und untereinander.

Weil Gott liebt und in Gemeinschaft lebt, deshalb müssen auch wir, seine Söhne und Töchter, in Gemeinschaft leben, deshalb kommen wir hier auch immer wieder zusammen, um unsere Verbindung mit Gott und untereinander zu feiern, deshalb treffen wir uns in der Gemeinde immer wieder in kleinen Gruppen: in Eucharistie-, Buß- und Firmgruppen, um miteinander zu beten, zu feiern, zu spielen und zu lernen. In diesen Gruppen, in denen sich Freunde treffen, die an Jesus glauben, sollen wir Liebe, Freundschaft, Hilfe und Frieden erfahren und sie an andere weiterschenken; denn nur so können Menschen erfahren, wie Gott ist.

Glaubensbekenntnis

1. Kind: Gott, wir glauben, daß du uns Vater bist,
daß wir deine Kinder sind.
Wir glauben, daß du uns liebst und für uns sorgst.
Wir glauben, daß du uns ewiges Leben und ewige Gemeinschaft mit dir schenken willst.

2. Kind: Gott, wir glauben, daß du Jesus Christus,
deinen Sohn, zu uns gesandt hast.
Wir glauben, daß du durch ihn zu uns gesprochen hast. Wir glauben, daß er unser Weg und unser Leben ist.Wir glauben, daß er bei diesem Mahl uns Gemeinschaft mit dir und untereinander schenkt.

3. Kind: Gott, wir glauben, daß du uns deinen Heiligen Geist geschenkt hast, den Geist der Liebe und des Friedens. Wir glauben, daß er uns begeistern will, in Liebe miteinander und füreinander zu leben.

Gabengebet

Gott, nimm unsere Gaben an. Laß sie Zeichen unseres guten Willens sein, dir zu gehören. Laß uns in Gemeinschaft mit dir und mit allen, die zu dir gehören, leben, heute und an allen Tagen bis in Ewigkeit. Amen.

Präfation

Es ist gut und richtig, dir zu danken, guter Gott,
durch Jesus Christus, deinen Sohn.
Er ist in unserer Mitte.
In seinem Geist sind wir zusammengekommen,
um dich zu preisen, lebendiger Gott.
Mit allen Engeln und Heiligen singen wir zu deinem Lob:
Heilig, heilig, heilig ...

Schlußgebet
Gott, du bist die Liebe. Darum lebst du in Gemeinschaft. Du lebst ganz in der Hingabe. Deine Freude ist es, dich zu verschenken. In diesem Mahl hast du uns mit dir und untereinander verbunden. Laß uns nicht vergessen, miteinander zu teilen, was das Leben uns schenkt. Laß uns lieben, weil du die Liebe bist. So bitten wir durch Jesus Christus, deinen Sohn, der mit dir und dem Heiligen Geist ewig lebt. Amen.

Fronleichnam

Brot in deiner Hand

Vorzubereiten:
Brot, das leicht gebrochen und verteilt werden kann.

Einführung
Ich begrüße alle zu diesem festlichen Gottesdienst. Wir feiern das letzte Abendmahl, das Jesus mit seinen Freunden hielt. Unter den Gestalten von Brot und Wein verschenkte Jesus sich liebend an seine Freunde. Was beim letzten Abendmahl geschah, geschieht immer wieder, wenn wir in seinem Namen zusammenkommen, um mit ihm das Mahl zu feiern.

Bußakt
Priester: Bevor wir wie die Freunde Jesu am Abendmahl teilnehmen, bitten wir um Vergebung.
Mutter: Gott, wir geben unsern Kindern Brot, Nahrung, Wohnung, Kleidung, Spielzeug und vieles, was sie brauchen. Wir bedenken aber zu wenig, daß Jesus für ihr Leben brotnotwendig ist. Wirnehmen den Auftrag nicht ernst genug, daß wir sie zu dir führen sollen — alle Tage — nicht nur heute. Wir bitten deshalb um Vergebung.
1. Kind: Gott, unsere Eltern, Lehrer, Freunde und Klassenkameraden bitten um Liebe, Verständnis, Freundlichkeit und Anerkennung. Für sie wäre dies alles „Brot", das, was sie unbedingt zum Leben brauchen. Oft haben wir anderen das verweigert, was sie „brotnotwendig" brauchten. Wir bitten deshalb um Vergebung.
Lied: Herr, erbarme dich!

Priester: Es erbarme sich unser der gute Gott, der uns Jesus Christus als Brot vom Himmel geschenkt hat. Er verzeihe uns unsere Sünden und mache uns zum Brot füreinander. So lasse er die Erde verwandelt werden durch uns in der Kraft Christi, unseres Herrn. Amen.

Gebet

Gott, dein Sohn Jesus Christus ist für uns zum Brot geworden. Er verschenkt sich an uns, damit wir aus seiner Kraft miteinander und füreinander leben können. Seinetwegen sind wir hier zusammengekommen, um das zu tun, was er beim letzten Abendmahl tat. Wie wir dieses Brot unter uns teilen, so laß durch uns alle Menschen deine Liebe erfahren, durch Christus, unsern Freund und Bruder. Amen.

Lektor:

Die folgende Geschichte ist spannend. Sie hat einen tieferen Sinn. Man könnte sie fast ein Evangelium nennen. Ein komischer Gedanke? Vielleicht. Ich meine aber, diese Geschichte vom Bäcker hilft uns verstehen, was Jesus meinte, als er beim letzten Abendmahl Brot nahm, es brach und verteilte. Sie hilft uns besser zu verstehen, was wir meinen, wenn wir heute miteinander Brot nehmen, teilen und essen.

Geschichte

An der Jakobstraße in Paris liegt ein Bäckerladen. Viele hundert Menschen kaufen da ihr Brot. Der gute alte Bäcker zieht die Leute an. Er ist ein spaßiger Kerl. Manche sagen: Er hat einen Tick. Aber nur manche. Die meisten sagen: Er ist weise, gütig und menschenfreundlich. Einige sagen sogar: Er ist ein Prophet. Aber als ihm das erzählt wurde, knurrte er vor sich hin: „Dummes Zeug ..."

Der alte Bäcker weiß, daß man Brot nicht nur zum Sattessen braucht. Und gerade das gefällt den Leuten. Manche erfahren das zum erstenmal beim Bäcker an der Jakobstraße — zum Beispiel der Autobusfahrer Gerard, der einmal zufällig in den Brotladen an der Jakobstraße kam. „Sie sehen bedrückt aus", sagte der alte Bäcker zum Busfahrer. „Ich habe Angst um meine kleine Tochter", antwortete der Busfahrer. „Sie ist gestern aus dem Fenster gefallen, vom 2. Stock!" „Wie alt?" fragte der Bäcker. „Vier Jahre", antwortete Gerard.

Da nahm der alte Bäcker ein Stück vom Brot, das auf dem Ladentisch lag, brach zwei Bissen ab und gab das eine Stück dem Busfahrer. „Essen Sie mit mir", sagte der Bäcker zu Gerard, „ich will an Sie und an Ihre kleine Tochter denken."

Der Busfahrer hatte so etwas noch nie erlebt, aber er verstand sofort, was der alte Bäcker meinte, als er ihm das Brot in die Hand gab. Und sie aßen beide ihr Stück und schwiegen und dachten an das Kind im Krankenhaus.

Eine Frau kam herein. Sie hatte auf dem nahen Markt zwei Tüten Milch geholt und wollte nun eben noch ein Brot kaufen. Bevor sie ihren Wunsch sagen konn-

te, gab ihr der Bäcker ein kleines Stück Weißbrot in die Hand und sagte: „Kommen Sie, essen Sie mit uns: Die Tochter dieses Herrn liegt schwer verletzt im Krankenhaus. Sie ist aus dem Fenster gestürzt. Vier Jahre ist das Kind. Der Vater soll wissen, daß wir ihn nicht allein lassen.“ Die Frau nahm das Stückchen Brot und aß mit den beiden. So war das oft in dem Brotladen, in dem der alte Bäcker die Kunden bediente.
Aber es passierte auch anderes, über das sich die Leute noch mehr wunderten. Da gab es z.B. einmal die Geschichte mit Gaston: An einem Morgen wurde die Ladentür aufgerissen und ein großer Kerl stürzte herein. Er lief vor jemandem fort. Das sah man sofort. Der offene Bäckerladen kam ihm da gerade recht. Hastig schlug er die Tür hinter sich zu und schob von innen den Riegel vor. „Was tun Sie denn da?“ fragte der alte Bäcker. „Die Kunden wollen doch zu mir herein, um Brot zu kaufen. Machen Sie die Tür sofort wieder auf!“ Der junge Mann war ganz außer Atem. Und da erschien vor dem Laden auch schon ein Mann, der sah aus wie ein Schwergewichtsboxer, in der Hand eine Eisenstange. Als er im Laden den jungen Mann sah, wollte er auch hinein. Aber die Tür war verriegelt. „Er will mich erschlagen!“ keuchte der junge Mann. „Wer? — Der?“ fragte der alte Bäcker. „Ja, mein Vater!“ schrie der Junge und zitterte am ganzen Leib. „Er will mich erschlagen. Er ist jähzornig. Er ist auf neunzig!“ „Na, das laß mich nur machen“, sagte der alte Bäcker. Und er ging zur Tür, schob den Riegel zurück und rief dem schweren Mann zu: „Guten Morgen, Gaston! Warum regst du dich am frühen Morgen schon so auf? Das ist ungesund. So kannst du nicht lange leben. Komm herein, Gaston. Aber benimm dich. Laß den Jungen in Ruh‘. In meinem Laden wird kein Mensch umgebracht.“
Der Mann mit der Eisenstange trat ein. Seinen Sohn schaute er gar nicht an. Er war viel zu erregt, um dem Bäcker antworten zu können. Er wischte sich mit der Hand über die feuchte Stirn und schloß die Augen... Da hörte er den Bäcker sagen: „Komm, Gaston, iß ein Stück Brot, das beruhigt. Iß es zusammen mit deinem Sohn. Das versöhnt. Ich will auch ein Stück Brot essen, um euch bei der Versöhnung zu helfen.“ Er gab jedem ein Stück Weißbrot.
Gaston nahm das Brot, auch sein Sohn nahm das Brot. Und als sie alle drei aßen, sahen sie einander an. Der alte Bäcker lächelte den beiden zu.
Als sie das Brot gegessen hatten, sagte Gaston: „Komm, Junge, wir müssen an die Arbeit.“[17]

Meditation

Lied: Wir rühmen dich, König der Herrlichkeit ... (GL 483,1)

2. Kind: Brot ist eine Gabe Gottes an uns.
Brot versöhnt.
Brot schenkt Gemeinschaft und Freundschaft.

[17] Nach H.A. Mertens, Brot in deiner Hand, München 1975, 5—8.

Wer mit anderen Brot teilt, kann Frieden schaffen und Freunde gewinnen.

3. Kind: Brot erinnert uns an Jesus.
Er ist ein Geschenk Gottes an uns.
Er schenkt uns Versöhnung und Frieden.
Er will Gemeinschaft und Freundschaft stiften.
Er lädt uns ein.
Er will im eucharistischen Brot sein Leben an uns verschenken.

4. Kind: Brot ist eine Frage an uns.
Sind wir dankbar für die Gabe Gottes?
Helfen wir mit, daß in der Familie, in der Schule, auf dem Spielplatz immer mehr Gemeinschaft und Freundschaft entsteht?
Sind wir bereit, unser Brot, unsere Freude, unser Leben mit anderen zu teilen?

Lied: Wir rühmen dich, König der Herrlichkeit ... (GL 483, 4)

2. Kind: Brot ist ein Zeichen der Einheit.
Viele Körner mußten zermahlen werden für dieses eine Brot. In diesem einen Brot ist die Arbeit vieler Menschen zusammengekommen.
Brot verbindet. Brot eint.

3. Kind: Brot erinnert uns an Jesus.
Er will, daß wir alle eins sind.
In Liebe sollen wir mit ihm und untereinander verbunden sein.
Dafür hat er sein Leben hingegeben.

4. Kind: Brot ist eine Frage an uns.
Tragen wir bei zur Versöhnung, zur Einheit?
Helfen wir mit, daß sich alle Menschen gut verstehen und zusammenhalten?

Lied: Wir rühmen dich, König der Herrlichkeit ... (GL 483, 6)

2. Kind: Brot will dienen.
Brot läßt sich verzehren, um anderen Kraft und Leben zu geben.
Brot will nicht für sich dasein, sondern für andere.

3. Kind: Brot erinnert uns an Jesus, der nicht gekommen ist, um sich bedienen zu lassen, sondern um zu dienen.
Jesus will ganz für uns dasein.
Er hat sein Leben hingegeben, damit wir leben können.

4. Kind: Brot ist eine Frage an uns.
Sind wir bereit zu dienen, für andere dazusein?
Brot teilen bedeutet Leben teilen.
Brot verweigern bedeutet Leben verweigern.

Lied: Wir rühmen dich, König der Herrlichkeit ... (GL 483, 7 u. 8)

Evangelium
Jesus sagt: „Schon lange habe ich mich darauf gefreut, mit euch dieses Ostermahl zu essen. Ich werde kein Passahfest mehr erleben. Dieses wird unser letztes gemeinsames Mahl sein, ehe ich leiden und sterben muß.
Im Reich Gottes werde ich ein ganz neues Passahfest mit euch feiern." Und als sie miteinander aßen, nahm Jesus das Brot, brach es und gab es seinen Jüngern. Er sprach: „Das ist mein Leib. Er wird für euch hingegeben."
Nach dem Mahl nahm Jesus den Kelch und ließ alle daraus trinken. Er sprach zu ihnen: „Das ist mein Blut. Es wird für euch vergossen. So schließt Gott einen neuen Bund mit euch. Durch meinen Tod seid ihr für immer mit Gott verbunden. Das sollt ihr nie vergessen. Haltet darum immer wieder dieses Mahl zu meinem Gedächtnis."
Und die Jünger aßen von dem Brot, das ihnen Jesus reichte. Sie tranken alle aus dem gleichen Kelch. Sie wußten nun: Jesus stirbt für uns, für unsere Schuld. Gott sieht unsere Schuld nicht mehr an. Durch das Brot, das Jesus reicht, sind wir mit Gott versöhnt. Er selbst ist dieses Brot für uns geworden. So hat Jesus den Menschen seine Liebe gezeigt. — Nach diesem letzten Abendmahl wurde er festgenommen, wie ein Verbrecher behandelt und gekreuzigt. (nach Lukas 22)

Ansprache
Die Geschichte „Brot in deiner Hand" will sagen: Wer in den Bäckerladen an der Jakobstraße kam, der erfuhr, daß Brot mehr ist als nur ein Nahrungsmittel. Der Bäcker wußte, Brot teilen und miteinander essen verbindet, beruhigt, ist heilsam, versöhnt, schafft Frieden, schenkt Gemeinschaft und Freundschaft. Wie schön wäre es, wenn jedes Haus unserer Gemeinde, auch das Pfarrhaus, auch unsere Kirche zu so einem Bäckerladen würde! Wir würden damit genau den Auftrag Jesu erfüllen, den er uns am letzten Abend seines Lebens gab: Wir sollen einander lieben und immer wieder zusammenkommen, um Brot miteinander zu teilen und zu essen. Wenn wir hier miteinander Mahl halten, dann schenkt Jesus sich uns im heiligen Brot. Er selbst will uns heilen und stärken, er verbindet uns mit sich und untereinander, er schenkt uns seine Liebe und sein Leben. Sich selbst verschenken, Brot werden für andere, das hat etwas mit dem Tod zu tun. Jesus lädt uns ein, daß wir mit ihm zum Brot werden für andere — wir gehören ja zu seinem Leib. — Wir sollen zu einer Kraftquelle werden, aus der andere leben können: „Brot" werden, das Frieden und Gemeinschaft schenkt.

Gabengebet
Gott, wir haben jetzt Brot und Wein auf den Altar gestellt. Nimm unsere Gaben an und laß uns nun das gleiche tun, was Jesus mit seinen Freunden beim letzten Abendmahl getan hat. Verbinde uns durch dieses Mahl mit dir und untereinan-

der. Laß uns dem Beispiel deines Sohnes folgen und miteinander teilen, einander helfen und dienen aus Liebe.
Amen.

Präfation
Gott, wir danken dir für Brot und Wein.
Wir danken dir für Jesus Christus,
der uns liebt und uns zu diesem Mahl eingeladen hat.
Er ist für uns zum Brot geworden.
Er verschenkt sich an uns, damit wir einander zum Brot werden und Leben schenken.
In ihm werden wir eins mit dir und untereinander,
du großer, guter Gott.
Wir loben dich und singen voll Freude:
Heilig, heilig, heilig, ...

Schlußgebet
Gott, wir haben miteinander das Brot und den Wein geteilt, in dem Christus sich uns schenkt. Wir bitten dich, laß dieses Fest uns alle zu größerer Liebe führen, dann wird deine Güte und Liebe in uns sichtbar. Gib uns deinen guten Geist. In deinem Geist wollen wir nun Brot miteinander teilen und essen, Zeichen für Frieden und Freundschaft, Zeichen dafür, daß die Menschen durch uns glücklich werden sollen, denn nur so kann dein Reich kommen.
Amen.

Einladung nach dem Segen
Wir laden alle ein, über den Gottesdienst hinaus zusammenzubleiben, um miteinander Brot zu teilen und zu essen, um Frieden zu schließen, um Gemeinschaft und Freundschaft zu schenken.
(Brotteilen)

In den Ferien Gott begegnen

Vorzubereiten:
Karten Nr. 4001 „St. Franziskus", Ursula Werkstätten E. Weinert, Marzellenstr. 42, 5 Köln. Diese Karte, die Franziskus inmitten der Schöpfung zeigt, soll einem Menschen zugeschickt werden, der gar nicht damit rechnet. Entsprechende Dias für die Präfation.

Einführung

1. Kind: Endlich ist es soweit. Das Schuljahr ist zu Ende. In dieser Woche beginnen die Ferien, auf die wir uns schon so lange gefreut haben.

2. Kind In den Ferien können wir mehr spielen, da haben wir Zeit zum Fußballspielen und Schwimmen, da können wir schöne Spiele erfinden und neue Freunde gewinnen.

3. Kind: In den Ferien können wir verreisen und die schöne Welt erleben. In ihr können wir Gott begegnen, der uns alles schenkt: das Leben, die Natur, die Freude und die Freunde. Gottes Spuren sind überall zu finden. Wir müssen sie nur entdecken.

Bußakt

4. Kind: Gott, wir vergessen so oft, daß du immer bei uns bist. Wir übersehen deine Spuren in der Welt. Wir bitten deshalb um Vergebung.

Priester: Herr, erbarme dich! ...

5. Kind: Gott, wir loben dich. Du hast die Berge gemacht und das Meer, den Himmel und die ganze Welt. Du läßt die Sonne scheinen und schickst uns Regen zur rechten Zeit. Wir danken dir, daß du uns in all diesen Zeichen begegnest.
Zu deinem Lob singen wir voll Freude ein Lied!

Gebet

Gott, wir sind froh, daß es bald Ferien gibt. Wir erwarten Freude und Erholung. Gib uns offene Augen, die Schönheit der Welt zu sehen. Laß uns in allem deine Spur erkennen. Erfülle uns mit Freude und Dankbarkeit für alles Gute und Schöne in der Welt und in unserem Leben. Behüte uns und laß uns mit neuer Kraft und frohem Mut nach Hause zurückkommen. Darum bitten wir durch Jesus Christus, unsern Freund und Bruder. Amen.

Lektor:
Viele Menschen wissen gar nicht, daß Jesus auch von der Erholung zu seinen Freunden gesprochen hat. Sie meinen, Jesus habe nur Interesse an ihrer Arbeit

und an ihren Sorgen, in den Ferien aber sei er wie verreist und kümmere sich nicht um uns. Sie nehmen ihn deshalb in den Ferien nicht so wichtig. Sie entdecken nicht Gottes Spuren in der Größe und Schönheit der Welt. Die Heilige Schrift zeigt uns, daß es menschlich ist, von der Arbeit auszuruhen. Jesus selbst hat dafür ein Beispiel gegeben.

Evangelium

Jesus hatte seine Jünger durch das ganze Land geschickt. Sie gingen durch die Städte und Dörfer. Sie predigten das Wort Gottes. Sie taten auch große Zeichen und Wunder. Kranke wurden gesund im Namen des Herrn Jesus Christus.
Nun kamen sie zurück. Sie erzählten Jesus alles, was sie getan hatten. Sie hatten kein Brot auf dem Weg gehabt. Sie waren hungrig und müde. Da sprach Jesus zu ihnen: „Wir wollen an einen ruhigen Platz gehen. Dann könnt ihr euch ausruhen und essen. Hier sind so viele Menschen. Sie bedrängen uns. Hier ist keine Ruhe und Erholung für euch zu finden!" Sie stiegen in ein Schiff und fuhren über den See an einen ruhigen Ort. (nach Mk 6,30—41)

Die Geschichte von Hadschi Halef

Lektor: Herr Meyer war sehr müde und abgehetzt. Die harte Arbeit des Jahres hatte seine Kräfte ganz verbraucht. Er brauchte Ferien. Diese wollte er in der Wüste verbringen, an einem Ort, der ruhig und abgelegen war. Er wollte nicht dauernd durch Telefonanrufe und über ein Funkgerät angefordert werden. Darum suchte er Hadschi Halef auf, einen großen Sohn der Wüste, von dem er wußte, daß er schon viele gefährliche Abenteuer in der Wüste bestanden hatte.

H. Meyer: Sehe ich den berühmten Wüstenführer Hadschi Halef vor mir?

H. Halef: So ist es!

H. Meyer: Verehrter Hadschi Halef, ich habe von deiner Tapferkeit gehört und komme mit einer großen Bitte zu dir. Hör mich an!

H. Halef: Sprich!

H. Meyer: Ich komme aus einem fernen Land und suche hier Ruhe und Entspannung. Ich möchte die Wüste kennenlernen mit ihrem Gestein. Ich kenne aber nicht die Wege der Wüste und nicht ihre Gefahren. So bitte ich dich, berühmter Hadschi Halef, daß du mich auf meiner Wüstenwanderung begleitest. Ich werde dir für deinen Dienst jeden Preis bezahlen und bin sicher, daß du mich gut führen wirst.

H. Halef: Das werde ich!

Lektor: Hadschi Halef redet sehr wenig. Er ist still wie die Wüste. Er ist fromm. Er betet viel. Er lobt Gott, den er in seiner Nähe weiß. Herr Meyer aber hält nicht viel vom Beten.

Herr Meyer und Hadschi Halef gehen also auf die Reise. Die Kamele werden bepackt. Abschied wird genommen. Tagelang ziehen beide durch die Wüste.

Es ist wieder einmal Abend geworden. Sie lagern am Rande einer Oase. Hadschi Halef sitzt lange still vor seinem Zelt, dann kniet er nieder und betet.

H. Meyer: Sag, Hadschi, was tust du denn da?

H. Halef: Du siehst es! Ich bete!

H. Meyer: Zu wem betest du denn?

H. Halef: Zu Gott!

H. Meyer: Zu Gott? — Gibt es den denn?
Hast du ihn schon einmal gesehen?

H. Halef: Nein!

H. Meyer: Hast du ihn schon einmal anfassen können?

H. Halef: N-nein

H. Meyer: Aber gehört hast du ihn?

H. Halef: N-nn-nein, auch nicht!

H. Meyer: Aber Hadschi Halef, was bist du für ein komischer Heiliger! Du hast deinen Gott nicht gesehen, nicht gehört und auch nicht angefaßt. Und trotzdem glaubst du an ihn und betest ihn an!

Lektor: Hadschi Halef hätte bei dieser Beleidigung am liebsten zu seiner Kamelpeitsche gegriffen. Aber er denkt: Gott hat auch Geduld mit ihm und zeigt ihm nicht die Peitsche.

Die Sonne versinkt. Nach einem kurzen Gruß kriecht jeder in sein Zelt. — Knapp vor Sonnenaufgang reißt das Rufen des Herrn Meyer Hadschi Halef aus dem Schlaf:

H. Meyer: Hadschi Halef, Hadschi Halef, wach auf, Hadschi Halef!

H. Halef: Ja, was ist?

H. Meyer: Hadschi Halef, so komm doch heraus!

H. Halef: Was ist denn los?

H. Meyer: Hadschi Halef, es muß jemand durch unser Lager geritten sein! Ein Dieb oder gar ...

H. Halef: Langsam, mein Freund! Hast du den Fremden gesehen?

H. Meyer: Nein, aber ...

H. Halef: Dann hast du ihn aber anfassen können?

H. Meyer: N-nein, auch das nicht, Hadschi Halef, aber ...

H. Halef: Gehört hast du ihn doch sicher?

H. Meyer: Hadschi, nein, das auch nicht, aber ...

H. Halef: Daß ich nicht lache! Gesehen hast du ihn nicht, anfassen konntest du ihn nicht, gehört hast du ihn nicht — und ich soll an deinen Fremden glauben?!

H. Meyer: Aber Hadschi Halef, sieh doch, diese Pferdespur! Sie war gestern abend noch nicht da!

Lektor: In diesem Augenblick steigt eine blutrote, leuchtende Scheibe aus dem Wüstensand — die Sonne. Die Dattelpalmen der Oase glänzen in ihrem Licht und der Sand flimmert, als wären es lauter Edelsteine. Hadschi Halef lächelt.

H. Halef: Ja, die Spur! Siehst du die Sonne, die Bäume, das Gras? Auch das ist eine Spur. Gottes Spur. In jedem Baum, in jedem Strauch, in jedem Menschen finden wir seine Kraft und seine Wunder, seine Schönheit und seine Macht. Alles ist Gottes Spur.

Lektor: Hadschi Halef schaut lange in die herrliche Sonne und streicht dabei sorgfältig seine Haare glatt. Dann kniet er nieder und betet sein Morgengebet.[18]

Ansprache

Jesus läßt seine müden und abgearbeiteten Freunde nicht allein in Ferien fahren, damals nicht und heute nicht. Er fuhr mit seinen Freunden an einen einsamen Ort, um mit ihnen allein zu sein. Und wenn wir jetzt in Ferien fahren, sagt er auch zu uns: „Kommt mit mir an einen ruhigen Ort. Ruht euch aus! Erholt euch!

Jesus ist bei uns, wenn wir spielen, wandern, lesen, singen, Musik machen, neue Menschen kennenlernen und uns ausruhen. Er sieht es gerne, wenn wir fröhlich sind, einander Freude machen und uns erholen. Verborgen ist Gott immer bei uns. Gottes Spuren können wir überall entdecken. Wer die Augen richtig aufmacht und ein wenig still und nachdenklich wird, der findet Gottes Spur wie Hadschi Halef in einem schönen Sonnenaufgang, in Bäumen, Blumen, Bergen und Seen, in den guten Menschen, die dafür sorgen, daß die Ferien schön werden, in den Freunden, aber auch in allem Schönen, was wir sehen und erleben. Hadschi Halef betete Gott an, dessen Spur er entdeckt hatte. Ebenso machte es vor 750 Jahren der heilige Franziskus. In der ganzen Schöpfung entdeckte er Gottes Spur, deshalb wußte er sich Gott ganz nahe. Alles erinnerte ihn an Gott. Alle Geschöpfe erzählten ihm von Gottes Liebe und Güte, von Gottes Macht und Schönheit. Darum lobte er Gott für alle seine Geschöpfe, für Sonne, Mond und Sterne, für Regen, Wind und Wolken. Er dankte Gott für die Bäume und Blumen, für die Vögel und das Wild, besonders aber für die Menschen, seine Schwestern und Brüder. Die ganze Schöpfung war für ihn ein Geschenk Gottes. Deshalb war er immer so froh und glücklich.

Ich wünsche euch, daß auch ihr Gottes Spur in allem entdeckt, daß ihr Gott begegnet, der euch begegnen möchte, damit ihr ganz froh und glücklich werdet.

18 Nach Kurt Finger, Religionsbuch 4, Donauwörth 1974, 25f.

Fürbitten

Priester: Guter Gott, du hast die Welt wunderbar gemacht. Die Schöpfung ist ein Zeichen deiner Macht und Größe, deiner Liebe und Schönheit. In ihr können wir dir begegnen. Wir bitten dich:

6. Kind: Öffne uns unsere Augen und Herzen, damit wir die Schönheit deiner Welt erkennen und uns daran freuen.

7. Kind: Schenke uns Augenblicke der Stille, in denen wir an dich denken, deine Spuren erkennen und deine Nähe erfahren dürfen.

8. Kind: Laß uns in den Ferien nicht vergessen, daß wir deine Freunde sind und du überall bei uns bist.

9. Kind: Laß uns nicht vergessen, unsere Freude mit anderen zu teilen, indem wir auch ihnen Freude machen.

10. Kind: Gib, daß alle müden Menschen die Erholung finden, die sie brauchen. Laß sie wieder neue Kraft und neuen Mut finden.

Priester: Denn du bist es, der uns die schöne Welt schenkt. Du freust dich, wenn wir von Herzen glücklich sind. Laß uns dich finden in dem, was wir sehen und erleben, und daraus Freude und neue Kraft schöpfen für die Arbeit. Amen.

Gabengebet

Gott, wir bringen dir unsere Gaben, Brot und Wein. Du hast sie uns gegeben, damit wir leben können. Sie sind Zeichen dafür, daß du uns Menschen liebst und uns alles anvertraust, was es auf der Welt gibt. Nimm uns mit diesen Gaben an und laß sie uns zum Leib und Blut deines Sohnes Jesus Christus werden, der das Haupt der ganzen Schöpfung ist. Amen.

Präfation

(möglich mit Dias und mit Orgelbegleitung zwischen den Texten)

Dia (Sonnenaufgang): Gott, wir loben dich für alles, was du gemacht hast, besonders für die Sonne, die uns Licht und Wärme gibt. Sie ist ein Bild von dir.

Dia (Mond, Sterne): Wir loben dich für den Mond und die Sterne, die unsere dunkle Nacht erhellen und uns den Weg zeigen.

Dias (Wolken, Wasser, Eis und Schnee): Wir danken dir für den Wind und die Wolken, für den Regen und das Wasser, für Eis und Schnee.

Dia (bunter Garten): Wir danken dir für unsere Mutter Erde, die uns trägt und ernährt, die uns köstliche Früchte schenkt und farbige Blumen.

Dia (Tiere): Wir preisen dich für die Tiere des Waldes, für die Vögel des Himmels und für die Fische des Meeres.

Dia (Brot):

Wir danken dir für die Menschen, die uns lieben und für uns sorgen. Besonders aber danken wir dir für Jesus Christus, deinen Sohn, der uns gezeigt hat, wie wir Menschen auf dieser Erde glücklich werden können.
Mit ihm und mit allen deinen Geschöpfen preisen wir deine Größe und Herrlichkeit und singen voll Freude:
Heilig, heilig, heilig ...

Herr, für alle guten Gaben und rufen dir zu:
Heilig, heilig, heilig ...

Friedensgruß
Bei vielen Menschen ist es Brauch, an Freunde und Bekannte einen Feriengruß zu schicken. Sie wollen damit sagen: Wir haben dich in unseren Ferien nicht vergessen. Viele Menschen aber erhalten keinen Feriengruß, weil niemand an sie denkt. Wir schenken euch diese Karte, die ihr einem dieser Menschen schicken sollt, die gar nicht damit rechnen, oder einem Menschen, mit dem ihr Streit gehabt habt. Mit dieser Karte von euch sollen sie Frieden und Freude erfahren. Diese Karte zeigt Franziskus, einen Menschen, der in der ganzen Schöpfung Gottes Spur entdeckt hat und Gott in allem begegnet ist. Franziskus hat gebetet: „Herr, mach mich zu einem Werkzeug deines Friedens, daß ich Liebe bringe, wo man sich haßt.“

Schlußgebet
Guter Gott, wir haben wieder deine Liebe erfahren. Wir danken dir für dieses eucharistische Mahl, für die Gemeinschaft mit dir und untereinander. Wir danken dir, daß du uns die Möglichkeit schenkst, auszuruhen und neue Kräfte zu schöpfen.
Wir gehen nun in eine schöne Zeit. Wir wollen auch andere froh machen und ihnen dadurch zeigen, wie gut du bist. Laß uns deine Spuren erkennen und dich finden. Amen.

Jesus ist unser Heil

Vorzubereiten:
Heilkräuter, die nach dem Gottesdienst mitgenommen werden können.

Einführung

Lange Autoschlangen mit erholungssuchenden Menschen bewegten sich in Richtung Süden. Die Luft war voll Benzingestank. Autofahrer wurden ungeduldig, weil sie auf der Autobahn nicht schnell genug vorankamen. Das schöne, blühende Heilkraut an den Böschungen sahen sie nicht. Kamille, Schafgarbe, Johanniskraut und vieles andere stand dort in großen Mengen.
Ist das ein Bild für unser Leben? Wir leben und bewegen uns oft in einer ungesunden Welt und suchen darin voranzukommen. Vom Weg her streckt sich uns Heilkraut entgegen. Wir aber sehen und beachten es nicht.
Jesus Christus ist das beste Heilkraut, das unser krankes Leben, unsere kranke Welt wieder gesund machen kann. Er steht an unserem Lebensweg und bietet uns das Heil an. Übersehen wir nicht oft das angebotene Heil? In jedem Gottesdienst will Jesus, der das Heil der Welt ist, sich uns schenken. Die Begegnung mit ihm soll uns heil, froh und glücklich machen.

Bußakt

Kind: Gott, Egoismus, Unfreundlichkeit und Lieblosigkeit machen unser Leben und unsere Welt krank. Schenke uns Jesus Christus, das Heilkraut, das uns die Kraft gibt zu lieben, zu helfen und zu teilen.

Priester: Herr, erbarme dich!

Kind: Gott, Zank, Streit, Neid, Eifersucht und Haß machen unser Leben und unsere Welt krank. Schenke uns Jesus Christus, das Heilkraut, das uns die Kraft gibt, Frieden zu stiften und Frieden zu halten.

Priester: Christus, erbarme dich!

Vater: Gott, Mißtrauen, Angst, Traurigkeit und Mutlosigkeit machen unser Leben und unsere Welt krank. Schenke uns Jesus Christus, das Heilkraut, das uns Freude und Hoffnung schenkt und unser Vertrauen auf dich, den lebendigen und befreienden Gott, stärkt.

Priester: Herr, erbarme dich!
Gott, schenke uns durch Jesus, deinen Sohn, das Heil. Er erlöse uns von allem Bösen, von allem, was uns krank macht. Er befreie uns von unserer Schuld und schenke uns Frieden und neues Leben in der Gemeinschaft mit dir. Amen.

Gebet

Gott, unser Leben und unsere Welt sind krank. Jesus Christus ist in diese kranke Welt gekommen, um allen Menschen das Heil zu bringen. Gib, daß wir uns ihm zuwenden, uns glaubend auf ihn einlassen und alles, was uns heil und gut macht, von ihm erwarten.
Wir danken dir, daß du uns für unser krankes Leben und für unsere kranke Welt ein so wunderbares Heilkraut geschenkt hast in Jesus Christus, deinem Sohn. Amen.

Gespräch

Lektor: Eines Tages beriefen die Tiere eine Vollversammlung ein. Der Löwe, der die Versammlung leitete, fragte mit klagender Stimme:

Löwe: Was ist nur mit dem Menschen los? Er hat doch den Auftrag, alles, was Gott geschaffen hat, zu verwalten. Ob er das vergessen hat?

Lektor: Eine wunderschöne schillernde Schlange zischte mit spitzer Zunge:

Schlange: Mir scheint, daß der Mensch sich selbst vergiftet. Die Luft ist verschmutzt, immer mehr Wälder werden abgeholzt, und die Müllberge werden immer größer.

Lektor: Einige Singvögel, die schon miteinander beraten hatten, meinten:

Vogel: Uns scheint, der Mensch hat das Singen und Pfeifen verlernt. Er hat sein frohes Herz verloren. Ob Traurigkeit oder Langeweile sein Herz vergiftet haben?
Und wenn wir Vögel ihm helfen wollen, das Pfeifen und Singen wieder mit uns zu versuchen, dann schaltet der Mensch Radio oder Kassettenrekorder ein und übertönt damit oft unsere schönsten Konzerte. Das Horchen und Lauschen im stillen Wald scheint er ganz verlernt zu haben.
Ja, was ist nur mit dem Menschen los? Hat er vergessen, wie heilsam die Stille ist?

Lektor: Die weise Eule mit ihren funkelnden Augen mischte sich ein und sagte:

Eule: Mir scheint, der Mensch wird blind. Er sieht gar nicht mehr die Schönheiten der Welt und kann sich auch darum nicht mehr daran freuen. Habgier hat sein Herz vergiftet. Er sieht nur noch, was nützlich ist, was er gebrauchen und verwerten kann. Das Lächeln der Sonne und das Leuchten der Blumen nimmt er gar nicht mehr wahr.

Zitronenfalter: Ja, ja,

Lektor: summte der Zitronenfalter.

Zitronenfalter: Der Mensch könnte vor Freude und Glück tanzen und schweben. Aber er starrt nur noch auf das, was er leistet und was er kann. Dadurch vergißt er, was ihm alles geschenkt wurde.

Lektor: Die Ziege meckerte dazwischen:

Ziege: Ich habe den Eindruck, daß der Mensch oft selbst nicht mehr weiß, was er will und wozu er da ist. Unzufriedenheit hat sein Herz vergiftet.

Lektor: Der vorlaute Spatz mischte sich ein und schilpte:

Spatz: Vielleicht hat der Mensch sich selbst, seine Würde, den Sinn seines Lebens verloren.

Lektor: Doch der stolze Pfau widersprach und schlug mit seinen schönen Federn ein herrliches Rad:

Pfau: Der Mensch hat Gott vergessen. Er hat vergessen, daß Gott ihm alles Gute und Schöne auf der Welt geschenkt hat. Und weil er Gott vergessen hat, übersieht er das wahre Leben und das, was seinem Leben wirklich dient.

Lektor: Auch das Kamel mischte sich kauend unter die Redner und antwortete auf die Frage des Löwen, was denn mit dem Menschen los sei:

Kamel: Ich bin der Meinung, der Mensch kommt uns immer näher. Er wird immer mehr Tier.

Lektor: Der ruhige Pelikan widersprach. Aber er bedauerte auch:

Pelikan: Egoismus hat den Menschen vergiftet. Er kann nicht mehr liebend sich selbst verschenken. Er ist oft nicht mehr bereit, zu verzichten und sein Leben für andere einzusetzen. Ob er Jesus, sein großes Vorbild, vergessen hat?

Lektor: Katzen, Füchse, Wölfe und Tiger berieten sich und waren der Meinung:

Wolf: Die ganze Erde wird wohl bald zu einer Welt der Raubtiere werden. Uns scheint, daß Haß, Gewalt, Brutalität und Macht die Menschen vergiftet haben.

Lektor: Die Fische, die bisher einen munteren Tanz aufgeführt hatten, verschwanden, als sie das hörten, traurig in der Tiefe des Meeres.

Löwe: Was ist nur mit dem Menschen los? Wie können wir ihm helfen, daß er wieder heil, froh und glücklich wird?

Lektor: Es wurde noch lange beraten und heftig diskutiert. Viele Vorschläge wurden gemacht. Nach der Abstimmung wurde eine weiße Taube beauftragt:

Löwe: Nimm einige Heilkräuter mit und bringe den Menschen noch einmal die Botschaft vom Leben und vom Heil.

Lektor: So geschah es. Und es war, als hätten die Menschen auf dieses Zeichen, auf diese frohe Botschaft gewartet, auf die gute Nachricht vom Leben, vom Frieden und vom Heil.

Hinführung zum Schrifttext

Im NT, in der Apostelgelschichte, begegnen uns Menschen, die die Botschaft vom Heil, das uns in Jesus Christus geschenkt wurde, den Menschen weitersagen. Die Apostel bringen die Frohe Botschaft vom Heil und vom Leben auch dann zu den Menschen, wenn sie dafür leiden und sterben müssen.
Sie halten die Heilsbotschaft Gottes für so wichtig, daß sie bereit sind, dafür ihr Leben einzusetzen.

Lesung

Die Apostel — besonders Petrus und Johannes — hatten im Namen Jesu viele Kranke geheilt. Der Hohepriester und seine Anhänger wurden eifersüchtig. Sie ließen die Apostel ins Gefängnis werfen, weil sie öffentlich gelehrt hatten, Jesus sei der Sohn Gottes, der Messias, der Retter und Heiland der Welt.
Ein Engel aber befreite nachts die Apostel wieder aus dem Gefängnis. Er führte sie hinaus und sprach: Geht hin und predigt im Tempel und überall das Evangelium. Geht hin und sagt allen Menschen die Frohe Botschaft vom Heil und vom Leben.
Die Apostel gehorchten dem Boten Gottes. Sie gingen in den Tempel. Dort lehrten sie das Volk. Als der Hohepriester und seine Anhänger das hörten, waren sie ganz erschrocken. Sie riefen den Hohen Rat und die Ältesten Israels zusammen und berieten, was zu tun sei. Durch den Tempelhauptmann und die Gerichtsdiener ließen sie die Apostel holen.
Als die Apostel vor der Gerichtsversammlung standen, sagte der Hohepriester: Wir haben euch doch streng verboten, im Namen Jesu zu lehren. Petrus und die Apostel aber sagten: Man muß Gott mehr gehorchen als den Menschen. Gott hat Jesus auferweckt, den ihr ans Holz gehängt und umgebracht habt. Jesus lebt. Gott hat ihn erhöht.
Er hat ihn zu sich genommen und ihn zum Führer und Heiland für alle Welt gemacht. Durch ihn ruft er zur Bekehrung, vergibt er die Sünden und schenkt allen das Heil. Das bezeugen wir in der Kraft des Heiligen Geistes, den Gott allen gibt, die ihm gehorchen.
Da wurden alle, die Gericht hielten, noch wütender. Sie ließen die Apostel geißeln. Sie verboten ihnen nochmals im Namen Jesu zu reden. Die Apostel freuten sich, daß sie auserwählt waren, für Jesus zu leiden. Sie gingen voll Freude hin und verkündeten allen Menschen die Frohe Botschaft vom Heil und vom Leben.

(nach Apg 5, 12; 17—33. 40—42)

Glaubensbekenntnis

Kind: Jesus, ich glaube, daß du das Heil der Welt bist, daß du gekommen bist, um unser krankes Leben, um unsere kranke Welt heil und gut zu machen.

Mutter: Jesus, ich glaube, daß du das Heil der Welt bist, daß du das wahre Heilkraut bist, das unsere Wunden reinigen und heilen kann, daß du das Heilkraut bist gegen unser durch Egoismus, Unfrieden und Lüge vergiftetes Leben.

Kind: Jesus, ich glaube, daß du das Heil der Welt bist, daß du der kranken Welt immer wieder neu die Botschaft vom Heil und vom Leben schenkst. Ich glaube, daß du die kranke Welt einmal für immer heil und gut machen wirst.

Gabengebet

Gott, wir bringen dir unsere Gaben, Brot und Wein. Laß uns mit diesen Gaben verwandelt werden in Menschen, die teilen und schenken, die zuhören und heilen, die verstehen und lieben. Laß uns daran glauben, daß du in der Tiefe diese Welt schon verwandelt und heil gemacht hast durch Jesus Christus, der das Heil dieser Welt ist. Amen.

Präfation

Gott, wir danken dir, denn du willst unser Heil,
deshalb hast du Jesus Christus, deinen Sohn,
in unser krankes Leben, in unsere kranke Welt geschickt.
In ihm allein finden wir das Heil.
Wir danken dir, daß du uns in Jesus Christus das Heil angeboten hast;
daß wir in seiner Liebe heil und gut werden können.
Er ist das Heilkraut, daß unsere Wunden reinigt und heilt,
das alle Verkrampfungen und Spannungen löst,
das uns entgiftet und neues Leben schenkt.
Mit allen, die durch ihn Heil erfahren haben,
singen wir zu deinem Lob:
Heilig, heilig, heilig ...

Schlußgebet

Gott, wir danken dir, daß du uns in diesem Mahl das Heil geschenkt hast durch Jesus Christus, deinen geliebten Sohn. Er ist das Brot, das unsern Hunger nach Glück und nach Leben stillt. Er ist das wahre Heilkraut, das unser verwundetes, krankes Leben heilt. Er gibt uns Kraft, wenn wir schwach und müde sind, er richtet uns auf, wenn wir niedergeschlagen und mutlos sind, er schenkt uns neues Leben, wenn wir am Ende sind und nicht mehr weiterwissen.
Laß uns, durch ihn geheilt, nun anderen sagen, wo das wahre Heil zu finden ist.
Laß uns, durch ihn gestärkt, nun mithelfen, daß die Welt heil und gesund wird.
Amen.

Entlassung
Wir schenken euch allen einige Heilkräuter. Sie sollen euch an das wahre Heilkraut erinnern, an Jesus Christus, der das Heil der Welt ist. Tragt ihr nun – wie die weiße Taube und wie die Apostel – die Botschaft vom Heil und vom Leben in die Welt hinein.

Tag des Kindes

Gott liebt die Kinder

Einführung

1. Kind: Kinder weinen
Millionen Kinder weinen
an vielen Orten unserer Welt.
Sie weinen, weil sie enttäuscht
und alleingelassen werden.
Sie weinen, weil sie nicht geliebt
und angenommen werden.
Kinder weinen Tränen der Schwäche,
Tränen der Hilflosigkeit,
Tränen des Schmerzes.

Priester: Millionen Kinder weinen.
Herr, erbarme dich unserer Welt.

Alle: Herr, erbarme dich unserer Welt.

2. Kind: Kinder schreien.
Millionen Kinder schreien.
Sie schreien aus Angst.
Sie schreien, weil sie mißhandelt
und gequält werden.
Sie schreien gegen das Böse,
das Menschen sich gegenseitig antun.
Sie schreien, weil niemand ihnen gibt,
was sie brauchen.
Kinder schreien nach Liebe, nach Leben.
Sie schreien nach einer Lebensmöglichkeit.

	Sie schreien um Hilfe.
Priester:	Millionen Kinder schreien. Christus, erbarme dich unserer Welt.
Alle:	Christus, erbarme dich unserer Welt.
3. Kind:	Kinder sterben. Millionen Kinder sterben vor Hunger und Durst. Sie sterben, weil wir nicht bereit sind, mit ihnen zu teilen. Millionen Kinder sterben, bevor sie geboren werden. Sie müssen sterben, weil Menschen nicht bereit sind, ihnen Leben zu schenken. Kinder sterben, weil Erwachsene egoistisch sind, weil sie unbeherrscht sind und Gewalt gebrauchen.
Priester:	Millionen Kinder sterben. Herr, erbarme dich unserer Welt.
Alle:	Herr, erbarme dich unserer Welt.

Gebet

4. Kind:	Gott, ich lebe. Eines Tages war ich da. Niemand hat mich vorher gefragt, ob ich leben wollte. Nun lebe ich. Manchmal ist das Leben schön. Manchmal bin ich traurig. Vieles verstehe ich nicht. Gott, du hast mir Leben gegeben. Es ist kein Zufall, daß ich lebe. Du hast mich gewollt. Du hast mir Hände gegeben, Augen, Ohren und einen Verstand. Das alles habe ich nicht umsonst. Du willst mich so haben. Mit meinen Händen soll ich helfen, mit meinem Herzen soll ich lieben. Gott, viele Aufgaben warten auf mich,

auf meine Hände, auf meine Augen,
auf meinen Verstand.
Gott, viele Menschen warten auf mich,
auf mein Herz, auf meine Liebe, auf meine Hilfe.
Gott, ich danke dir, daß du mich willst.
Gott, ich danke dir, daß du mich brauchst.
Amen.

Vater: Kinder sind lästig.
Sie engen unsere Lebensmöglichkeiten ein.
Wer Kinder hat,
kann über seine Zeit nicht mehr so verfügen,
wie er möchte.
Kinder machen uns viele Sorgen.

Lektor: Kinder sind ein Geschenk.
Sie beschenken uns durch ihr Sein.
Sie geben unserem Leben erst den richtigen Sinn.
Kinder besitzen Gaben und Eigenschaften,
die wir Erwachsene dringend brauchen.

Mutter: Mit Kindern hat man nichts als Ärger.
Sie kosten viel Geld.
Sie rauben uns Schlaf und Nervenkraft.
Sie nehmen uns Müttern oft die berufliche
Karriere.

Lektor: Kinder fordern unsere Liebe,
unsere Selbstlosigkeit heraus.
Sie brauchen unsere Hilfe, unseren Schutz.
Kinder bringen uns zum Nachdenken.
Sie beschenken uns durch ihre Offenheit,
ihr Vertrauen, ihre Liebe und Zärtlichkeit.

Erwachsener: Kinder sind Störenfriede.
Sie machen viel Krach.
Sie sind frech und rücksichtslos.
Sie nehmen uns die Ruhe.
Sie verderben und zerstören viel.

Lektor: Kinder sind wie der Frühling.
Sie schenken neues Leben,
Freude und Hoffnung.
Kinder sind Zeichen der Nähe und Liebe Gottes.
Kinder können uns den Himmel aufschließen.

Priester: Kinder kann man von verschiedenen Seiten
aus sehen. Von welcher Seite aus sehen wir sie?

Evangelium

Priester: Ganz viele Leute kamen zu Jesus. Sie wollten seine gute Botschaft hören oder ihn um Hilfe bitten. Eltern kamen mit ihren Kinder, mit großen und ganz kleinen. Sie wollten ihre Kinder von Jesus segnen lassen. Sie spürten: durch Jesus ist Gott uns nahe. Sie sagten:

Mädchen: Wenn wir unsere Kinder zu Jesus bringen und er sie segnet, dann werden sie gewiß mit der Hilfe Gottes gute und glückliche Menschen.

Priester: Die Eltern nahmen also ihre Kinder bei der Hand und gingen zu Jesus. Die Jünger sahen sie kommen. Sie wurden böse und wollten die Kinder zurückschicken. Sie sagten:

Junge: Geht weg! Laßt Jesus in Ruhe! Er ist müde. Er hat keine Zeit, sich mit Kindern abzugeben. Außerdem verstehen sie ja noch nichts von dem, was er sagt. Jesus hat Wichtigeres zu tun. Er muß die Botschaft vom Reich Gottes den Erwachsenen verkünden. Das ist nichts für Kinder.

Priester: Jesus aber war damit nicht einverstanden. Er wies seine Jünger zurecht. Er sagte ihnen: Laßt die Kinder zu mir kommen und haltet sie nicht zurück. Gerade für solche, die offen und empfänglich sind wie ein Kind, ist das Reich Gottes. Ich sage euch die Wahrheit: Wer das Reich Gottes nicht annimmt wie ein Kind, wird nicht hineinkommen.
Dann wandte Jesus sich den Kindern zu. Er war sehr freundlich zu ihnen. Er schloß sie in seine Arme. Er legte ihnen die Hände auf und segnete sie.

Ansprache

Jeden Nachmittag spielten die Kinder im Garten des Riesen. Es war ein großer und herrlicher Garten mit schönen Blumen und vielen Obstbäumen. Vögel und Kinder waren in diesem Garten glücklich. Eines Tages kam der Riese zurück. Er war lange Jahre bei einem Freund gewesen. Jetzt wollte er wieder in seinem Schloß leben. Als er die Kinder in seinem Garten spielen sah, schrie er sie an: „Was treibt ihr hier? Das ist mein Garten, darin habt ihr nichts zu suchen."

Die Kinder rannten davon. Der Riese baute eine hohe Mauer rings um den Garten und stellte ein Schild auf: „Unbefugtes Betreten ist bei Strafe verboten.“
Die Kinder hatten nun keinen Spielplatz mehr. Sie spielten auf der Straße, aber das war gefährlich. Gerne wären sie in den schönen Garten gegangen, aber die Mauer war zu hoch.
Dann kam der Frühling, und überall im ganzen Land gab es neues Leben, Blüten und Vögel. Nur im Garten des selbstsüchtigen Riesen war noch Winter. Die Vögel sangen nicht und die Bäume blühten nicht. „Ich kann nicht verstehen, warum der Frühling nicht kommt“, sagte der Riese, als er in seinen kalten, kahlen Garten blickte. „Die Sonne wird sicher kommen“, tröstete er sich dann wieder. Aber sie kam nicht. Der Frühling kam nicht mit seinem neuen Leben, der Sommer kam nicht mit seiner Pracht, und auch der Herbst brachte keine Früchte. Der Winter blieb. Hagel, Rauhreif und Schnee tanzten zwischen den Bäumen umher.
Eines Morgens lag der Riese wach in seinem Bett. Eine Vogelstimme drang an sein Ohr. Lange hatte er im Garten keinen Vogel mehr gehört. Durch das offene Fenster kam Frühlingsduft zu ihm herein. Er sprang aus dem Bett, um das Wunder des neuen Lebens in seinem Garten zu sehen. Doch, was sah er da? Die Mauer hatte ein Loch und Kinder waren hereingeschlüpft. Sie saßen in den Zweigen der Bäume. Vor Glück, daß sie die Kinder wieder hatten, blühten die Bäume in voller Pracht. Vögel flogen umher und zwitscherten voller Freude. Blumen guckten durch das grüne Gras und lachten.
Nur in einem Winkel des Gartens herrschte noch Winter. Dort stand ein kleiner Junge und weinte bitterlich. Er war zu klein, um selbst auf den Baum zu klettern.
Das Herz des Riesen schmolz, als er das sah. „Wie selbstsüchtig bin ich doch gewesen“, sagte er. „Nun weiß ich, warum der Frühling mit seinem neuen Leben, mit seiner Blütenpracht nicht kommen wollte. Ich will den Jungen auf den Baum setzen. Dann will ich die Mauer abreißen. Mein Garten soll nun für immer ein Kinderspielplatz sein.“
Es tat ihm wirklich leid, daß er so selbstsüchtig gewesen war. Er ging die Treppe hinunter und öffnete das Gartentor. Als die Kinder den Riesen erblickten, fürchteten sie sich und rannten weg. Da wurde es wieder Winter im Garten. Nur der kleine Junge lief nicht weg. Der Riese ging zu ihm. Er nahm das Kind und setzte es hoch auf den Baum hinauf. Gleich begann der Baum zu blühen, und die Vögel kamen herbei und sangen. Das Kind streckte beide Arme aus, schlang sie dem Riesen um den Hals und küßte ihn. Als die anderen Kinder sahen, daß der Riese nicht mehr böse war, kamen sie zurück — und mit ihnen kam der Frühling. „Der Garten gehört nun euch, Kinder“, sagte der Riese. Er riß die Mauer nieder und spielte mit den Kindern.
Abends vermißte der Riese das Kind, das er auf den Baum gesetzt hatte. Das Kind hatte er am liebsten, weil es ihn geküßt hatte. „Geht zu dem kleinen Jun-

gen und sagt ihm, daß er morgen kommen soll", sagte der Riese. „Wir wissen nicht, wo er wohnt", sagten die Kinder. „Wir haben ihn vorher nie gesehen". Da wurde der Riese traurig. Die Kinder kamen jeden Nachmittag und spielten mit dem Riesen. Doch der kleine Junge, den der Riese liebhatte, blieb verschwunden. Der Riese war zu allen Kindern freundlich, aber er sehnte sich nach seinem ersten kleinen Freund.

Jahre vergingen, und der Riese wurde alt und schwach. Er konnte nicht mehr mitspielen, sondern nur noch zuschauen. Er freute sich über seinen schönen Garten und über das Spiel der Kinder. An einem Wintermorgen sah er, daß in seinem Garten ein Baum in voller Blüte stand. Darunter stand der kleine Junge, den er liebhatte. In großer Freude rannte er hinaus in seinen Garten. Er hastete über das Gras zum Kind. Sein Gesicht wurde rot vor Zorn, und er rief: „Wer hat es gewagt, dich zu verwunden?"

Auf den Handflächen und den kleinen Füßen des Kindes sah er Spuren von Nägeln. „Wer hat gewagt, dich zu verwunden?" schrie der Riese. Das Kind antwortete: „Das sind die Wunden, die Kindern zugefügt werden, die gequält, aufs Kreuz gelegt und getötet werden. Das sind die Wunden der Kinder, die festgenagelt werden auf ihren Hunger, auf ihren Hunger nach Brot, nach Liebe und Anerkennung, die festgenagelt werden auf ihre Krankheit oder auf die Schuld ihrer Eltern."

„Wer bist du?" fragte der Riese. Eine seltsame Scheu überfiel ihn. Das Kind lächelte den Riesen an und sagte: „Du ließest mich einst in deinem Garten spielen. Heute sollst du mit mir in meinen Garten kommen, ins Paradies".

Als die Kinder an diesem Nachmittag hereingesprungen kamen, fanden sie den Riesen tot unter dem Baum liegen, der ganz bedeckt war mit weißen Blüten.[19]

Fürbitten

Priester:	Gott, wer dich erkennen und erfahren will, der muß sich den Kindern zuwenden. Du liebst die Kinder. Durch sie bist du uns nahe. Wir bitten dich:
1. Kind:	Für alle Kinder, denen das Leben gewaltsam genommen wird. Schenke du ihnen neues Leben in deiner Nähe.
2. Kind:	Für alle Kinder, die leiden, weil sie mißhandelt, gequält, verstoßen oder nicht beachtet werden. Laß sie durch liebevolle Menschen deine Nähe und Güte erfahren.
3. Kind:	Für alle Kinder, die arm sind. Mache uns bereit, ihnen das zu geben, was sie brauchen, damit sie froh und glücklich werden.

19 Nach Oscar Wilde, Der selbstsüchtige Riese, aus: Dietrich Steinwede, Das Hemd des Glücklichen, Gütersloh 1976.

4. Kind: Für alle Kinder, die krank und traurig sind. Hilf, daß wir uns um sie kümmern und ihnen helfen, soweit es möglich ist.

5. Kind: Für uns alle. Gib uns Menschen, die uns verstehn, die uns helfen und liebevoll für uns sorgen. Hilf uns, daß wir frohe und glückliche Menschen werden.

6. Kind: Für alle Erwachsenen, die selbstsüchtig sind und kein Herz für Kinder haben. Hilf ihnen, daß sie einsehen, daß sie nur dann froh und glücklich werden können, wenn sie Kindern Leben schenken und Leben ermöglichen.

Priester: Gott, du bist uns in einem Kind nahegekommen. Gib uns ein Herz für die Kinder und laß uns so werden wie die Kinder, damit wir in dein Reich kommen dürfen. Amen.

Gabengebet

Gott, du hast uns Brot und Wein geschenkt. Es sind deine Gaben. Wir schenken sie dir zurück und mit ihnen uns selbst. Laß uns vom Kind lernen, offen und empfangsbereit zu sein für das, was du uns geben willst. Laß uns lieben und uns verschwenderisch verschenken — ohne jede Berechnung — wie nur Kinder es können. Amen.

Präfation

Es ist gut und richtig,
dir, Gott, immer und überall zu danken.
Wir danken dir besonders für Jesus Christus,
deinen Sohn, der als Kind in diese Welt ge-
kommen ist, um uns nahe zu sein.
Er hatte ein Herz für Kinder
und hat allen, die wie Kinder sind,
dein Reich für immer versprochen.
Wir danken dir, daß du durch jedes Kind
„Ja“ sagst zu unserem Leben und zu dieser Welt.
Mit allen Heiligen und mit allen, die ein
Herz für Kinder haben, singen wir zu deinem Lob:
Heilig, heilig, heilig ...

Schlußgebet

Gott, wir danken dir für dieses Mahl, das du uns, deinen Kindern, bereitet hast. Bleibe bei uns und hilf uns, daß wir alle Kinder so lieben, wie du uns liebst. Amen.

„Wir gehören zusammen"

Einführung

Wir beginnen im Namen Gottes, der uns durch Jesus Christus zusammengerufen hat. Wir Christen gehören zu ihm, sind seine Gemeinde. Wir wollen gemeinsam auf den Herrn hören, miteinander beten und singen und so mit ihm das Mahl der Gemeinschaft feiern.

Gespräch

1. Kind: Ich will euch jetzt erzählen, was Thomas neulich geträumt hat. Der kleine Finger und der Daumen fingen einen Streit an. Der Daumen sagte ganz verächtlich:

2. Kind: „Kleine Finger sind ganz unwichtig!'

3. Kind: „Das darfst du nicht sagen, dicker Daumen! Ich bin auch etwas wert. Sieh mal, ich bin viel beweglicher und kann mich viel besser krümmen als du."

1. Kind: Der Streit ging eine ganze Weile hin und her. Im Grunde waren alle Finger unzufrieden, daß sie nur Finger waren. Sie blickten neidisch auf die Augen und sagten:

4. Kind: „Wir Finger müssen immer hart arbeiten, zupacken, festhalten und tragen. Die Augen da oben, die haben es viel besser. Die drehen sich nur ein bißchen, wandern von links nach rechts und haben viel Zeit, die Welt zu bestaunen!"

1. Kind: Als das die Augen hörten, meinten sie stolz:

5. Kind: „Ja, wir Augen sind eben mehr wert! Wir schenken dem ganzen Leib Licht. Wir sind kostbar! Zu dem, was wir machen, seid ihr Finger nicht zu gebrauchen. Wir sind froh, daß wir nicht so kleine krumme Finger sind."

4. Kind: „Hütet euch, ihr stolzen Augen! Wir Finger können euch weh tun und kratzen! Wartet, wir zeigen es euch!"

1. Kind: Und der Streit wurde immer heftiger. Die Füße und die Zehen, die Nase und die Ohren fingen an mitzustreiten und der Mund tönte am lautesten:

6. Kind: „Ich bin am nützlichsten! Nur ich bin etwas wert! Ohne mich könntet ihr alle gar nicht leben!"

1. Kind: Schließlich fing jeder mit jedem zu kämpfen an, so daß es wie ein richtiger Krieg war!

Da wachte Thomas auf. Zum Glück waren alle Glieder noch da, gesund und unverletzt, auch die kleinen Finger und die kleinen Zehen. „Ich brauche sie doch alle", dachte Thomas, „so ein dummer Streit!"[20]

Priester: Thomas braucht alle Glieder an seinem Leib. Alle sind wichtig und gleich wertvoll. Weder der Finger noch der Daumen, weder das Auge noch der Mund kann allein leben. Alles an unserm Leib gehört zusammen und ist aufeinander angewiesen.
So geht es auch mit uns Menschen. Keiner kann alleine leben. Wir leben alle miteinander und sind aufeinander angewiesen. Das geht auch den Christen so. Christen sind nicht allein auf der Welt

7. Kind: Wenn wir nur für uns leben wollen, gleichen wir abgeschlagenen Ästen, gleichen wir Fingern, die von der Hand getrennt sind. Christen leben miteinander. Wir alle gehören zusammen, bilden eine Gemeinde. Alle brauchen einander.

Priester: Christen leben miteinander, weil sie voneinander leben. Erwachsene und Kinder brauchen einander, und die Priester sind für die Gemeinde da.

8. Kind: Christen leben voneinander. Was der eine nicht weiß, weiß der andere. Was der eine nicht kann, kann der andere. Was der eine nicht versteht, versteht der andere.

Priester: Christen leben voneinander, aber auch füreinander.

9. Kind: Christen leben füreinander. Wenn einer leidet, leiden alle. Wenn einer sich freut, steckt er andere an mit seiner Freude. Wenn einer im Frieden lebt, dann spüren andere von diesem Frieden.

Priester: Wir alle hier in der Kirche gehören zusammen, gehören zu Jesus Christus, sind seine Gemeinde, sein Leib.

Bußakt

2. Kind: Herr Jesus Christus, du hast uns gerufen. Wir sind deine Gemeinde. Jeder von uns ist ein Glied deiner Gemeinde.
Vergib uns, wenn wir nur an uns denken.

Alle: Herr, erbarme dich!

3. Kind: Wir sind deine Gemeinde. Wir gehören zu dir, wie die Glieder zu deinem Leib. Du hast uns deine Liebe geschenkt. Vergib uns, wenn wir nur für uns sorgen.

Alle: Christus, erbarme dich!

4. Kind: Herr, wir sind deine Gemeinde. Du hast uns so fest mit dir und

20 Nach Wolfgang Longardt, Neue Kindergottesdienstformen, Gütersloh 1973, 120f.

	untereinander verbunden wie Glieder an einem Leib. Vergib uns, wenn wir uns gegenseitig nicht geholfen haben.
Alle:	Herr, erbarme dich!

Lesung

„Ihr sagt, ihr seid getauft. Euer Herr ist Jesus Christus! Was aber seid ihr? An einem Beispiel werdet ihr es besser verstehen: Was ist der Leib? Doch viele einzelne Glieder: Der Kopf, die Hände, die Beine, die Augen, die Ohren, die Nase, die Finger und andere Glieder. Jedes Teil ist wichtig und hat eine wichtige Aufgabe für den ganzen Leib.

So ist es auch mit Jesus Christus und mit uns. Wir sind getauft auf den Namen Jesu Christi. Wir gehören zu ihm und zueinander. Wir sind wie ein Leib, an dem viele Glieder sind. Jedes Glied hat eine wichtige Aufgabe: Die Finger, das Auge, der Mund. Wir sind eine Gemeinde mit vielen Gliedern. Jeder ist wichtig. Der eine ist für dies bestimmt, der andere für das. Wenn jeder seine Aufgabe gut ausführt, dann bleibt die Gemeinde gesund, und jeder kann sich wohlfühlen. Sorget also füreinander, damit kein Glied leidet. Denn wenn ein Glied leidet, sind alle mitbetroffen. Denkt daran: Ihr seid die Gemeinde Jesu Christi! Ihr gehört zusammen. (nach 1 Kor 12)

Ansprache

So versteht Paulus die Gemeinde. So wie wir jedes Glied unseres Leibes schätzen, es gebrauchen und uns daran freuen, so sind wir auch in der Gemeinde alle etwas wert und wichtig. Jeder gehört dazu. So verschieden wir auch sind, jeder hat andere Gaben, um der Gemeinde zu dienen. Jeder von uns kann etwas Besonderes. Das gilt für die Kleinen und die Großen, die Starken und die Schwachen, die Gesunden und die Kranken, die Jungen und die Alten. Jeder kann etwas zur Gemeinde beitragen. Jeder ist wichtig für die Gemeinde. Niemand darf fehlen. Keiner darf sagen: Es geht auch ohne mich. Nur wenn in der Gemeinde jeder das tut, was ihm möglich ist, kann die Gemeinde gesund und lebendig bleiben.

Jeder, der zum Gottesdienst kommt, ist wichtig: Der Kinderchor und der Lektor, der Küster und der Kantor, der Meßdiener und der Priester, die Kinder und die Erwachsenen. Nur wenn alle kommen und mitmachen, kann der Gottesdienst gelingen. Zu einer gesunden Gemeinde gehört es, daß man miteinander und füreinander betet, voneinander lernt und zueinander hält.

„Einer trage des anderen Last" in der Gemeinde. Nur wenn alle mitmachen, kann etwas gelingen. Eine Geschichte von Ameisen kann uns das verdeutlichen: Eine Ameise sah im Wald ein Stückchen Holz. Das Holz kann ich gut gebrauchen, dachte sie. Schade, daß es so groß und schwer ist. Es war größer als hundert Ameisen. Die Ameise konnte nur um das Holz herumlaufen. Sie konnte es aber nicht fortbewegen. In ihrer Not rief sie alle anderen Ameisen herbei. Sie kamen

in Scharen. Mit vereinter Kraft schoben sie sich unter das Holz. Man sah nur eine Masse von Ameisen. Sie schleppten gemeinsam das Stückchen Holz und trugen es fort. Was eine einzige Ameise nie fertiggebracht hätte, war bald geschafft. Nur wenn wir Christen uns zusammentun, uns gemeinsam einsetzen für das Werk Jesu, kann Gottes Reich unter uns beginnen. Solange in der Gemeinde nur jeder an sich denkt, geschieht nichts. Gemeinsam aber können wir den Auftrag Jesu erfüllen und der Welt deutlich machen, wer Jesus Christus für uns ist. Er ist das Haupt, wir die Glieder an seinem Leib.
Welche Gaben haben wir? Setzen wir sie ein für unsere Gemeinde?

Fürbitten

Priester: Gott, durch Jesus, deinen Sohn, sind wir mit dir und untereinander verbunden wie die vielen Glieder des Leibes. Wir brauchen einander. Was der eine nicht kann, kann der andere. Manche brauchen uns ganz besonders. Für sie wollen wir beten:

Mutter: In unserer Gemeinde sind viele Menschen krank. Sie warten auf jemand, der Zeit für sie hat und ihnen hilft. Mache uns zu lebendigen Gliedern deiner Gemeinde, die dort einspringen und helfen, wo es nötig ist.

Vater: In unserer Gemeinde sind viele Menschen alt und einsam. Sie warten darauf, daß wir auf sie zugehen, daß wir Zeit und Verständnis für sie haben. Hilf uns, daß wir ihnen öfter eine Freude machen, wenigstens durch einen freundlichen Gruß.

10. Kind: In unserer Gemeinde sind viele Kinder einsam und traurig. Sie warten darauf, daß jemand ihnen ein gutes Wort sagt, jemand sie mitspielen läßt. Laß uns nicht rücksichtslos solche Kinder übersehen, hilf uns vielmehr, ihnen Gemeinschaft und Freundschaft zu schenken.

Priester: Herr, so verschieden wir sind, dir sind wir alle gleich viel wert. Jeder kann etwas anderes beitragen zum Aufbau der Gemeinde. Laß alle durch uns deine Liebe spürbar erfahren. Amen.

Gabengebet

Gott, wir sind deine Gemeinde. Wir gehören zusammen. Menschen, die zusammengehören, laden sich immer wieder ein. Wir sind heute hier zusammengekommen, weil du uns eingeladen hast. Du schenkst uns dein Wort und deinen Sohn Jesus Christus. Dadurch verbindest du uns fester mit dir und untereinander. Hilf uns, daß wir einträchtig zusammenstehen, nicht nur hier im Gottesdienst, sondern auch im alltäglichen Leben. Nur so gefällt dir unser Beten und Opfern. Amen.

Präfation
Ja, es ist richtig, wir haben dir immer und überall zu danken durch Jesus Christus, deinen Sohn. Durch ihn hast du uns zu Gliedern an seinem Leib berufen. Wir danken dir, daß er uns immer wieder mit dir und untereinander verbindet. Wir danken dir für das, was wir in seinem Namen tun können. Wir danken dir, Herr, für alle guten Gaben und rufen dir zu:
Heilig, heilig, heilig ...

Vater unser
So verschieden wir sind — vor Gott sind wir alle gleich wichtig. Als Kinder Gottes und Brüder und Schwestern Jesu dürfen wir beten, wie Jesus es uns gelehrt hat. Zum Zeichen unserer Verbundenheit reichen wir uns die Hand und singen:
Vater unser ...

Schlußgebet
Herr, jeder von uns ist anders. Für dich sind wir alle gleich wichtig und wertvoll. Wir sind deine Gemeinde. Wir gehören zusammen. Du verbindest uns mit dir und untereinander. Jeder von uns kann etwas beitragen zu einer Gemeinde, in der jeder sich wohlfühlen kann. Öffne uns die Augen, damit wir sehen, wo wir gebraucht werden. Öffne unsere Ohren und unser Herz, damit wir hören und tun, was du von uns willst. Amen.

Erntedank

Verachtet nicht den kleinen Kern

Vorzubereiten:
Vor Beginn des Gottesdienstes verteilen Kinder am Eingang der Kirche Apfelkerne — der Prediger hat zur Ansprache ein paar bereit;
Äpfel für die Kinder.

Einführung
Wir feiern heute Erntedank. Wir wollen Gott danken für die Ernte auf unseren Feldern und für die Ernte unseres Lebens. Viele Bäume haben uns köstliche Früchte geschenkt. Etwas von der neuen Ernte haben wir euch schon gegeben: einen Apfelkern. Was habt ihr empfunden, als wir euch einen Kern schenkten?
1. Kind: Was sollen wir mit dem Kern machen? Ein Apfel wäre uns lieber gewesen.

2. Kind:	Apfelkerne sind nur Abfall. Sie sind ungenießbar. Ein Kern ist klein, leicht, häßlich, unbedeutend.
3. Kind:	Unbedeutend ist dieser kleine Kern nicht. Er enthält doch Leben. Aus diesem kleinen Kern kann ein großer Baum werden, der leckere, saftige Äpfel trägt und vielen Menschen Nahrung und Leben schenkt.
4. Kind:	Viele Kerne werden achtlos weggeworfen. Wir halten sie für tot und wertlos. Wir sehen ihnen nicht an, daß sie Leben enthalten, daß in ihnen die Möglichkeit steckt, neues Leben zu schenken, ein Baum zu werden, der köstliche Früchte trägt.
5. Kind:	Der Kern ist ein Geschenk. Wenn wir ihn in die feuchte Erde legen, wenn er stirbt, kann aus ihm neues Leben, Leben für andere werden.

Lektor:
Ein alter Mann säte Apfelkerne. Leute, die es sahen, lachten. Sie fragten: „Warum säst du die Kerne?“ „Ich möchte, daß hier Apfelbäume wachsen, die köstliche Früchte tragen“, antwortete der alte Mann. Die Leute lachten und sagten: „Es werden viele Jahre vergehen, bis aus deinen Kernen Bäume geworden sind. Du selbst wirst von den Bäumen keine Äpfel mehr ernten und essen können.“ „Das weiß ich“, sagte der alte Mann. „Aber wenn nach vielen Jahren andere die Äpfel von diesen Bäumen ernten, werden sie mir dankbar sein.“[21]

Priester:
Der alte Mann sät. Er denkt an die Zukunft. Er hofft, daß seine Saat aufgeht. Die Ernte überläßt er anderen.
Alles, was wir ernten, verdanken wir Gott und der Sorge und Mühe anderer Menschen.

Gebet
Gott, alle guten Gaben kommen von dir. Du hast in unser Leben vieles eingesät, die Möglichkeit, Frieden zu stiften, die Fähigkeit, anderen zu helfen, den Mut, Schwächere in Schutz zu nehmen und viele gute Einfälle, um Menschen glücklich zu machen.
Gott, auch wir sind nach der Ernte gefragt, nach der Ernte unseres Lebens, nach der Frucht, die wir für andere bringen. Laß deine Saat in uns sprießen und aufwachsen, laß uns reifen und Frucht bringen. Amen.

Evangelium
Jesus sagte: Mit welchen Bildern soll ich euch erklären, wie Gottes Reich kommt? Gottes Reich beginnt wie ein Senfkorn. Das Senfkorn ist das kleinste Korn (noch viel kleiner als ein Apfelkern). Das Reich Gottes, sagt Jesus, gleicht

21 Nach Leo Tolstoi, Apfelbäume, in: Vorlesebuch Religion, Bd. 1, a.a.O.

einem Senfkorn. Ein Mann nimmt es und wirft es in seinen Garten. Das kleine Korn treibt in der Erde, es sprießt und wächst heran, es wird zu einem ganz großen Baum. Die Vögel kommen und bauen Nester in seinen Zweigen.

(nach Mt 13, 31—33)

Geschichte

Vor langer Zeit gab es zwei Länder. Das eine lag im Osten und das andere im Westen. Eines Tages zogen sie gegeneinander in den Krieg. Niemand hatte mehr Zeit, für die Felder zu sorgen. Es wurde nichts mehr gesät und nichts mehr geerntet. Zwischen den Kämpfen hatten die Leute nur noch Zeit, Schwerter zu putzen, Kanonenkugeln zu gießen und Knöpfe an die Uniformen zu nähen.

In einem Tal zwischen diesen beiden Ländern lebte eine Frau. Sie wollte mit dem Krieg nichts zu tun haben. In das Leben ihrer beiden Söhne wollte sie Frieden säen, deshalb baute sie eine Mauer um alles, was sie ihr eigen nannte. Sie wollte damit ihre Söhne, ihre Blumen und Apelbäume vor dem Krieg schützen.

Die beiden Jungen hatten ihre Mutter gern. Sie halfen ihr beim Säen, Pflanzen, Jäten und beim Ernten der Äpfel. Sie hatten ein gemütliches Haus, geschmückt mit schönen Blumen.

Aber die zwei Söhne wurden größer. Eines Tages sah der ältere Sohn im Osten viele Soldaten. „Mutter, sieh nur die roten Uniformen und die schönen Schwerter", rief er. Er ließ einen Korb mit Äpfeln fallen, die er gerade geerntet hatte. „Ich habe schon zerfetzte und beschmutzte Uniformen gesehen, verbogene und zerbrochene Schwerter", sagte die Mutter. „Ich mag hier nicht mehr säen, pflanzen und ernten", sagte der Sohn und rannte nach Osten davon.

Am nächsten Tag saß der jüngere Sohn im Baum, um Äpfel zu ernten. Da sah er im Westen Soldaten mit blauen Uniformen und glänzenden Orden. Er ließ den Korb mit Äpfeln fallen und rannte nach Westen davon. „Ich habe die blauen Uniformen schon zerrissen und mit Blut befleckt gesehen und verrostete Orden auf dem Feld", rief die Mutter ihm nach.

Den Söhnen war es eine Lust, Soldat zu sein. Ihre Uniformen leuchteten und ihre Orden glänzten. Viele Schlachten wurden geschlagen. Nach dem Kampf aber schauten sie auf ihre verschmutzte Uniform und die verbogenen Schwerter, und sie dachten an die traurige Mutter, an die Ernte im kleinen Garten und an das gemütliche Zuhause. Sie hatten Hunger nach den erfrischenden, köstlichen Äpfeln. Immer mehr Schlachten wurden geschlagen. Wüst und leer waren die Felder. Weder im Osten noch im Westen gab es etwas zu essen. „Wir haben Hunger", riefen die Soldaten des Ostens, und ihr General wußte, wo es etwas zu essen gab. „Wir wollen essen", verlangten die Soldaten des Westens, und ihr Kommandant wußte, wo es etwas zu essen gab. Eines Nachts marschierten die beiden Armeen auf das Tal zu, wo die Frau wohnte. „Mutter, meine Leute wollen essen", rief der ältere Sohn über die Ostmauer. „Wir müssen uns stärken für den Kampf!" „Mutter, meine Leute haben Hunger", rief der jüngere Sohn über die Westmau-

er. „Gib uns zu essen, gib uns von deinen Äpfeln, damit wir kämpfen können." Totenstille herrschte hinter der Mauer. „Gib uns Äpfel, saftige Äpfel", riefen die Soldaten. „Wir reißen die Mauer nieder und holen sie uns." Von Osten und Westen bahnten sich die Armeen krachend einen Weg durch die Mauer. Eine fürchterliche Schlacht entbrannte. Bald stürzten die Mauern zusammen. Das Haus lag in Trümmern, das Feld war vertrampelt und die Blumenbeete zerstört. Viele Soldaten lagen jammernd auf der Erde. General und Kommandant waren verwundet. Hinter einem Trümmerhaufen lag die Frau und rührte sich nicht mehr. Die beiden Söhne schauten auf ihre Mutter und die Trümmer. „Mutter, wir sind schuld daran", weinte der ältere Sohn. „Was haben wir nur angerichtet", jammerte der jüngere Sohn. „Mutter, sag uns etwas" baten sie.
Der Kampf ruhte, und die Soldaten standen still. Sie schauten auf den weinenden General und den weinenden Kommandanten. Sie dachten an ihre eigenen Mütter. Und alle Soldaten weinten.
Die Frau war nicht tot. Sie ließ alle eine Zeitlang weinen. Dann öffnete sie die Augen, stand auf und sagte: „Wenn ihr mir auch Haus und Feld zerstört habt, so habe ich im Keller doch noch Äpfel genug, um euren Hunger und Durst zu stillen. Aber ehe ich euch auch nur einen Apfel gebe, müßt ihr mir versprechen, den Krieg zu beenden, die Verwüstung hier aufzuräumen und das Feld neu zu bepflanzen."
„Wir sind hungrig und haben das Kämpfen satt!"
„Wir tun alles, was du uns sagst! Gib uns zu essen! Mutter, du hättest getötet werden können", weinte der Kommandant.
„Wir sind froh, daß du nicht tot bist", weinte der Gerneral. „Vergib uns! Bitte verzeih uns!"
„Ich bin froh, daß ihr lebt und Frieden schließt", sagte die Mutter, „das ist die schönste Ernte meines Lebens."
Sie aßen miteinander Äpfel, und bald hörte man das Singen in Ost und West. Mütter fanden ihre Kinder wieder und bedankten sich bei der Frau mit den Äpfeln.
Die Soldaten legten ihre Uniformen ab, vergruben ihre Schwerter und halfen der Mutter, neue Blumen zu säen, neue Pflanzen und Bäume zu setzen.[22]

Ansprache

Wenn wir heute danken für die Ernte, dann danken wir allen, die für uns gesät, gepflanzt und geerntet haben, dann danken wir Gott, der Leben und Wachstum schenkte.
Säen und Pflanzen ist nötig, um neues Leben zu wecken. Säen und Pflanzen ist nötig, um ernten zu können. Der Krieg zerstört, er vernichtet das Leben, er ver-

22 Nach Anita Lobel, „Kartoffeln hier – Kartoffeln da", in: Vorlesebuch Religion, Bd. 1, a.a.O., 92–94.

hindert die Ernte. Kriegführen, andere besiegen und beherrschen halten viele Menschen für wichtiger, als neues Leben zu säen.
Die hungrigen Soldaten gehen zu einem Menschen, der zwischen den Fronten lebt, der noch sät und erntet. Die Soldaten zerstören der Frau alles. Sie aber verzeiht, sie hilft, sie verschenkt die geernteten Äpfel und versöhnt damit feindliche Soldaten, Brüder, die einander zu Feinden geworden sind. Sie essen miteinander die Äpfel und beginnen zu singen — ein Zeichen, daß alle Feindschaft begraben ist. Frieden hat diese Frau gesät. Frieden, Versöhnung und Freude erntet sie. Das sind die schönsten und wichtigsten Früchte, die sie in ihrem Leben ernten kann. Benutzen wir — wie diese Frau — die geernteten Gaben, um damit Frieden, Freude und Freundschaft zu schenken? Sind wir bereit — wie diese Frau — das, was wir geerntet haben, mit Hungernden, ja mit Feinden zu teilen?
Wir haben euch heute einen kleinen Apfelkern geschenkt, einen kleinen unscheinbaren Kern voller Leben und neuer Lebensmöglichkeiten. Er soll Aufforderung sein, neues Leben zu säen auf unserer Erde. Der kleine Kern will daran erinnern, daß Gottes Reich in uns und durch uns wachsen will. Gottes Reich, das Reich des Friedens und der Liebe, ist wie ein kleines Samenkorn. Es sucht in uns fruchtbaren Boden, wo es aufgehen, wachsen, sich entfalten und Frucht tragen kann, Frucht für andere. Wie wird die Ernte unseres Lebens aussehen?
Wir schenken euch aber auch einen Apfel, eine köstliche Frucht, die ihr Leben im letzten einem so kleinen Kern zu verdanken hat, wie ihr ihn bekommen habt. Der kleine Kern ist in die Erde gefallen, gestorben und zu einem neuen Leben auferstanden, zu einem Baum, der uns diese Früchte schenkt. Eßt diesen Apfel miteinander. Vielleicht eßt ihr ihn mit Menschen, mit denen ihr Streit habt oder hattet. Eßt den Apfel und versöhnt euch. Hört auf, zu streiten und Krieg zu führen — wie die Soldaten in unserer Geschichte! Eßt die Äpfel miteinander und sät damit Frieden und Freundschaft!
Wenn wir mit den Gaben der Ernte einander helfen, Frieden stiften und Freude schenken, dann ist das Reich Gottes, der Himmel in uns und in anderen, aufgegangen, dann kann Gottes Reich wachsen und sich ausbreiten.
(Verteilen der Äpfel)

Dank

Liedvers:	Danket dem Herrn, denn er ist gut. Halleluja ... (GL 281)
6. Kind:	Gott, wir danken dir, daß wir leben dürfen und gesund sind.
7. Kind:	Gott, wir danken dir für alle Menschen, die für uns säen und ernten.
Liedvers:	Danket dem Herrn, denn er ist gut. Halleluja ...
8. Kind:	Gott, wir danken dir für alle Menschen, die uns helfen, die für uns sorgen und arbeiten.
9. Kind:	Gott, wir danken dir für alle Nahrung, durch die wir jeden Tag satt werden.

Liedvers:	Danket dem Herrn, denn er ist gut. Halleluja ...
10. Kind:	Gott, wir danken dir, daß wir neues Leben säen dürfen, daß du alles wachsen und reifen läßt.
11. Kind:	Gott, wir danken dir für alle Menschen, die Frieden, Freude und Glück in unser Leben säen.
Liedvers:	Danket dem Herrn, denn er ist gut. Halleluja ...
12. Kind:	Gott, wir danken dir für Jesus, deinen Sohn, der dein Reich wie ein kleines Samenkorn unter uns ausgestreut hat.
13. Kind:	Gott, wir danken dir, daß dein Reich in uns und durch uns wachsen und Frucht bringen kann.
Liedvers:	Danket dem Herrn, denn er ist gut. Halleluja ...

Gabengebet
Gott, alle guten Gaben kommen von dir. Du schenkst uns den Samen und das Erdreich dafür. Du schenkst Leben, Wachstum, Reife und köstliche Frucht. Brot und Wein haben wir aus den Gaben der Erde ausgewählt für dieses eucharistische Mahl. Wir bringen sie dir aus Dankbarkeit für all deine Liebe und Sorge. Wir bitten dich: Nimm uns mit diesen Gaben an und mache uns bereit, auszuteilen und weiterzuschenken, was du uns gegeben hast, damit dein Reich, das Reich des Friedens und der Liebe, unter uns wachse. Amen.

Präfation
Es ist gut und richtig, dir zu danken, guter Gott.
Wir danken dir, daß es das Leben gibt auf dieser Erde
und daß dieses Leben gut ist. Wir danken dir, daß du
uns Leben in Fülle schenkst durch Jesus Christus, deinen Sohn.
Er hat uns gezeigt, wie dein Reich, das Reich des Friedens
und der Liebe, unter uns wachsen kann.
Er ist uns zum Brot des Friedens und zum Trank der Freude
geworden. Mit allen Menschen, die neues Leben säen, die
Frieden stiften und Freude schenken, loben wir dich und singen:
Heilig, heilig, heilig ...

Schlußgebet
Gott, wir danken dir für dieses Mahl der Freundschaft und Liebe. Wir haben deine Gaben miteinander geteilt, gegessen und Frieden geschlossen. Laß dein Reich in uns und durch uns wachsen. Laß uns Frucht bringen und neues Leben schenken. Schenke du unserem Leben eine reiche Ernte durch Christus, unsern Herrn. Amen.

Wir brauchen Heilige

Vorzubereiten:
Dias mit Franziskus, Elisabeth, Stefanus, Mutter Teresa und mit Menschen aus unserer Zeit.

Einführung

Wir feiern heute das Fest Allerheiligen, das Fest der heiligen Menschen, die schon ganz bei Gott leben. Wir feiern das Fest aller heiligen Menschen hier auf Erden, die sich bemühen, heilig und gut zu leben, die etwas von der Heiligkeit Jesu widerspiegeln, die das Licht Jesu in ihrem Leben aufleuchten lassen. Gehören wir auch zu ihnen? Bemühen wir uns, Heilige zu sein oder Heilige zu werden?

Reporter: Bist du ein Heiliger?

Kind: Das ist eine dumme Frage, Herr Reporter. Die Kirche spricht nur solche Menschen heilig, die gestorben sind. Und Sie sehen doch, daß ich noch lebe. Ich bin nicht heilig, fragen Sie doch die Toten!

Reporter: Bist du eine Heilige?

Kind: Weshalb fragen Sie? Sehen Sie denn bei mir einen Heiligenschein? Heilige sind sehr fromme Leute, und das kann ich von mir gerade nicht behaupten.

Reporter: Bist du ein Heiliger?

Kind: Sie sind aber ein komischer Heiliger! Heilige, das sind doch meistens Päpste, Bischöfe, Mönche oder Priester. Das ist kein Beruf für mich. Heilige Schüler, nein, die gibt es nicht. Ich will einmal Autoschlosser werden und das ist doch kein Beruf für einen Heiligen. Nein, ich bin kein Heiliger!

Reporter: Gibt es denn heute keine heiligen Menschen mehr? Heilig wird man doch nicht erst nach dem Tod, sondern heilig wird man während seines Lebens. Der Heiligenschein macht die Menschen doch nicht erst zu Heiligen.

Kind: Du hast recht. Heilig werden wir nicht durch außergewöhnliche Dinge. Um heilig zu sein, braucht man nicht Priester oder Bischof zu werden. In jedem Beruf und in jeder Aufgabe kann man heilig werden. Heilig ist jeder, dessen Leben Gott gehört. Und was Gott gehört, ist heilig. Seit der Taufe gehören wir durch Jesus Christus zu Gott. Wenn wir das Leben mit Gott, die Freundschaft mit ihm nicht zerstören, dann sind wir Heilige.

Gebet

Gott, du bist heilig. Verzeihe uns, wenn wir uns falsche Vorstellungen von den Heiligen machen. Heilige, das sind deine Freunde. Auch wir wollen zu dir gehören und deine Freunde sein. In der Taufe hast du uns alle zu Heiligen gemacht — zu deinen Freunden durch Christus, unsern Freund und Bruder. Amen.

Evangelium

Priester: Die Bergpredigt enthält das Programm Jesu. In ihr gibt Jesus uns acht Weisungen für den Weg, den wir mit ihm gehen sollen. Wer nach diesen Weisungen oder Seligpreisungen lebt, der ist heilig. Die Heiligen haben sich auf diesen Weg Jesu eingelassen. Und wir?

Lektor: Wir sagen:
Glücklich sind die Menschen, die reich sind,
die sich alles leisten können,
die nicht auf die Hilfe anderer Menschen angewiesen sind.
Sie werden geachtet und geehrt, denn ihnen gehört die Welt.

Priester: Jesus aber sagt:
Glücklich sind die Menschen,
die mit leeren Händen vor Gott stehen,
die wissen, daß sie vor Gott arm sind.
Ihnen gehört der Himmel.

Lektor: Wir sagen:
Glücklich sind die Menschen,
die gefeiert und umjubelt werden,
die lachen und sich leichtfertig über alles hinwegsetzen.
Sie brauchen keinen Trost.

Priester: Jesus aber sagt:
Glücklich sind die Menschen,
die trauern und klagen,
weil Gottes Herrschaft sich noch nicht durchsetzen kann.
Gott wird sie trösten.

Lektor: Wir sagen:
Glücklich sind die Menschen,
die stark und mächtig sind,
die sich mit Gewalt durchsetzen können.
Sie werden siegen und über andere herrschen.
Ihnen gehört die Erde.

Priester: Jesus aber sagt:
Glücklich sind die Menschen,
die keine Gewalt anwenden.
Ihnen wird die Erde gehören.

Lektor:	Wir sagen: Glücklich sind die Menschen, die sich gerecht fühlen und ihr Recht durchsetzen. Sie sind satt, weil sie immer Recht bekommen.
Priester:	Jesus aber sagt: Glücklich sind die Menschen, die hungern und dürsten nach Gerechtigkeit. Gott läßt sie satt werden.
Lektor:	Wir sagen: Glücklich sind die Menschen, die sich vom Leid der anderen nicht berühren lassen, die ihr Geld, ihre Zeit und Kraft für sich behalten. Sie werden nicht ausgenutzt.
Priester:	Jesus aber sagt: Glücklich sind die Menschen, die barmherzig sind, denn sie werden Gottes Barmherzigkeit erfahren.
Lektor:	Wir sagen: Glücklich sind die Menschen, die sich geschickt verstellen können, um ihre Ziele zu erreichen. Sie werden von den Menschen nicht durchschaut.
Priester:	Jesus aber sagt: Glücklich sind die Menschen, die ein reines Herz haben, die offen und ehrlich vor Gott leben und sich vom Bösen nicht unterkriegen lassen. Sie werden Gott sehen.
Lektor:	Wir sagen: Glücklich sind die Menschen, die sich Ruhe und Frieden verschaffen können, auch wenn sie andere dabei unterdrücken und mundtot machen. Jeder wird sie in Ruhe lassen.
Priester:	Jesus aber sagt: Glücklich sind die Menschen, die Frieden stiften. Gott wird sie als seine Kinder anschauen.
Lektor:	Wir sagen: Glücklich sind die Menschen, die sich geschickt aus allem heraushalten und ihre Hände immer in Unschuld waschen. Sie werden allen Konflikten aus dem Weg gehen.
Priester:	Jesus aber sagt:

Glücklich sind die Menschen,
die verfolgt werden, weil sie sich für das Gute eingesetzt haben, für das, was Gott recht ist.
Ihnen gehört der Himmel. (nach Mt 5, 1—12a)

Katechese

1. Bild: *Franz von Assisi*

Lektor: Heilige sind Mitmenschen. Franziskus war ein fröhlicher Mitmensch, man nannte ihn Bruder „Immerfroh". Er wollte allen Geschöpfen Bruder sein. Er ist schon über 750 Jahre tot. Viele Menschen aber versuchen heute noch, so zu leben wie er.
Franziskus war reich. Weil er so leben wollte wie Jesus, verschenkte er alles, was er besaß, und gab es den Armen. Bettelarm zog er durch das Land und war dennoch überglücklich. Er wußte: Ich habe Gott zum Vater. Das war der Grund seiner Freude.

Priester: Jesus, wir freuen uns, daß etwas von deinem Licht, von deiner Freude im Leben des heiligen Franziskus aufgeleuchtet ist. Er hat arm gelebt wie du. Er wußte, daß er mit leeren Händen vor Gott stand. Von ihm hat er alles erwartet. Du hast ihm den Himmel, das Glück für immer geschenkt.

2. Bild: *Elisabeth*

Lektor: Die heilige Elisabeth war eine Gräfin. Sie lebte vor 750 Jahren auf der Wartburg in Thüringen. Auf der Burg wurde ein reiches, üppiges Leben auf Kosten der Armen geführt. Elisabeth setzte sich für Gerechtigkeit ein. Sie wollte nicht am reich gedeckten Tisch sitzen und köstliche Speisen essen, während andere hungern mußten. Sie verteilte darum Geld und Brot an die Armen, sie besuchte die Kranken ihrer Umgebung und pflegte sie. Nach dem Tod ihres Mannes wurde Elisabeth von der Wartburg vertrieben, weil ihr armes Leben ein dauernder Vorwurf für die Reichen war. Elisabeth ist eine Heilige, weil sie sich wie Jesus für die Armen, Kranken und Unterdrückten einsetzte.

Priester: Jesus, die heilige Eilsabeth hat sich für alle eingesetzt, die ausgenutzt und ungerecht behandelt wurden. Sie hatte ein Herz für die Kranken und Armen. Laß uns von ihr lernen, nicht alles für uns zu behalten, sondern es mit den Hungernden und Kranken zu teilen.

3. Bild: *Stefanus*

Lektor: Der heilige Stefanus gehörte zu den ersten Christen. Weil er an Jesus glaubte und seine Botschaft verkündete, wurde er verfolgt und gesteinigt. Gott aber war mit ihm, er sagte „Ja" zu dem, der um Jesu willen verfolgt und getötet wurde. Gott hat Stefanus aus dem Tod gerettet. Der Heilige lebt weiter bei Gott.

Priester: Jesus, der heilige Stefanus bekennt sich zu dir, auch wenn er dafür verfolgt und getötet wird. Er bekennt, daß du, sein Herr und Meister, in der Herrlichkeit Gottes lebst. Er glaubt, daß er im Tod von dir angenommen wird. Nach deinem Beispiel bittet er sterbend um Vergebung für seine Feinde. Wir bitten dich: Gib uns den Mut, unseren Glauben zu bekennen, auch dann, wenn es schwer wird.

4. Bild: *Mutter Teresa*

Lektor: Mutter Teresa lebt in der großen Stadt Kalkutta in Indien. Seit mehr als 25 Jahren geht sie mit ihren Helferinnen durch die Straßen der Stadt und sammelt Menschen auf, die dort liegen und ohne jede Hilfe sterben müssen. Sie bringt sie in einen großen Saal. Viele werden durch ihre liebevolle Pflege wieder gesund. Mutter Teresa kümmert sich um verlassene, ausgesetzte Kinder, die ohne ihre Hilfe verhungern und sterben müßten. Sie errichtet Waisenhäuser und Kinderheime. Sie schenkt vielen Kindern Geborgenheit, Liebe und eine Lebensmöglichkeit.

Priester: Jesus, Mutter Teresa folgt deinem Beispiel. Sie ist barmherzig, sie ist heilig. Laß uns von ihr lernen, ein Herz zu haben für alle Menschen, die in Not sind.

5. Bild: *Menschen aus unserer Zeit*

Lektor: Wir alle sollten Heilige sein, Menschen, die nach den Weisungen Jesu leben. Unsere dunkle Welt braucht heilige Menschen, die das Licht Jesu in ihrem Leben aufleuchten und durchscheinen lassen.

Priester: Jesus, wir alle suchen unser Glück. Du zeigst uns einen Weg, der zum wahren Glück, zu Gott, führt. Du bist bei uns. Du gehst mit uns. Du gibst uns die Kraft, deinen Weg zu gehen. Durch dich können wir heilig werden. Laß uns immer mit dir leben und glücklich sein. Amen.

Fürbitten

Priester: Heiliger Gott, von dir kommt alle Heiligkeit. Jesus, dein Sohn, hat uns den Weg zum wahren Glück und zum ewigen Leben gezeigt. Ihm sind die Heiligen gefolgt. Sie haben sich mutig zu ihm bekannt und nach seinem Wort und Beispiel gelebt. Sie haben versucht, mit Jesus und aus seiner Kraft die Welt heiliger zu machen. Gott, du kennst diese unheilige Welt und auch uns.

Kind: Gott, wir bitten dich, mache uns heilig und gib, daß wir uns dafür einsetzen, daß die Welt menschlicher und heiliger wird.

Kind: Gott, wir bitten dich, laß Heilige kommen, die neben uns wohnen, die mit uns leben und arbeiten. Gib, daß sie uns anstecken und mitreißen, Gutes zu tun für das Leben der Welt.

Kind: Gott, gib uns deinen Heiligen Geist, den Geist der Heiligen, der uns neu sehen, hören und leben lehrt.

Kind: Gott, gib uns den Geist der Heiligkeit, damit der Geist der Unheiligkeit und Bosheit uns allen nicht das Leben zerstört.

Priester: Gott, wir sind manchmal ganz weit weg von deiner Heiligkeit. Habe Erbarmen mit uns und erhöre unsere Bitten. Amen.

Gabengebet

Gott, wir möchten dich lieben, wie deine Heiligen es getan haben. Du weißt, wie schwer uns das oft fällt. Du kennst aber auch unseren guten Willen. Nimm Brot und Wein an und verwandle uns mit diesen Gaben, damit wir Jesus, deinem Sohn, ähnlicher werden. Amen.

Präfation

Gott, wir danken dir, denn du bist heilig.
Wir danken dir für Jesus, deinen Sohn,
der heilig ist und uns den Weg zum Glück und zur Heiligkeit
gezeigt hat. Wir danken dir für alle Heiligen,
die uns den Glanz der Heiligkeit Jesu nahegebracht haben.
Wir danken dir für die vielen Heiligen unserer Tage,
die da sind und die wir noch nicht erkannt haben,
die uns das Leben möglich machen und Hoffnung geben.
Wir danken dir, Gott, denn Heiligkeit ist unsere Rettung.
Mit allen Heiligen und auch mit denen, die gerne heilig
sein möchten und es noch nicht sind, rufen wir voll Freude:
Heilig, heilig, heilig ...

Nach der Kommunion

Kind: Wir glauben an Jesus, dessen Füße wir sind.
Er hat uns die Richtung gezeigt, in die wir gehen sollen.
Er ist unser Weg, unsere Straße.

Kind: Wir glauben an Jesus, dessen Augen wir sind.
Er hat uns die Augen geöffnet und uns gezeigt,
daß wir die Menschen mit neuen Augen sehen können.
Er ist unser Licht.

Kind: Wir glauben an Jesus, dessen Hände wir sind.
Mit seinem Handeln hat er uns gezeigt, wie und wo wir
helfen sollen. Er gibt uns die Kraft dazu.
Er ist unser Antrieb.

Kind: Wir glauben an Jesus, dessen Lippen wir sind.
Durch sein Wort hat er uns gesagt, wie wir helfen und trösten, vergeben und Frieden stiften können.
Er ist unser Wort.

Schlußgebet

Jesus, wir danken dir für dieses Mahl, für die Gemeinschaft mit dir und den Heiligen. Wir danken dir, daß du mit uns und durch uns leben, lieben und handeln willst. Laß deine Heiligkeit in unserem Leben aufleuchten, damit durch uns alle erkennen, wie gut und wie heilig du bist. Laß die Fürbitte aller Heiligen uns dabei helfen. Amen.

Christkönigsfest

Jesus – ein König?

Vorzubereiten:
Bilder „Jesus und Pilatus" von Thomas Zacharias, Block Nr. 14. Bilder zum Glaubensbuch (Kösel, München), oder Dia Cf 111/15 aus Bibel-Bild Baukasten 1 (Calig, München).

Einführung

1. Kind: Jesus, ein König?
Das verstehe ich nicht.
Wenn ich das Wort König höre, dann denke ich gleich an einen König im Märchenbuch.

2. Kind: So geht es mir auch. In meiner Vorstellung ist der König ein großer, schöner Mann, der eine goldene Krone und einen roten Purpurmantel trägt und auf einem Thron sitzt.

3. Kind: Wenn ich das Wort König höre, dann denke ich an Könige, die auch wirklich leben, zum Beispiel an den König von Belgien oder Schweden – oder an die Königin von England. In Illustrierten habe ich schon viel von ihnen gelesen oder gesehen.

4. Kind: Wenn ich das Wort König höre, dann denke ich an Macht, Besitz und Reichtum, an ein schönes Schloß, in dem der König wohnt.

5. Kind: Zum König gehört ein Königreich und ein Volk, das ihn ehrt und über das er herrschen darf.

1. Kind: Bei Jesus trifft das doch alles gar nicht zu. Er wurde nicht in einem Schloß geboren, sondern in einem Stall.

2. Kind: Er lebte nicht in einer Königsfamilie, sondern in der Familie eines Handwerkers, eines Zimmermanns.

3. Kind: Statt mit reichen und vornehmen Leuten aß Jesus mit verachteten und armen Menschen.

4. Kind: Es folgten ihm keine Minister und Soldaten, sondern nur einige Fischer, kleine Leute, die keine Waffen und kein Geld hatten.

5. Kind: Statt sich bedienen zu lassen wie ein König, wusch Jesus seinen Jüngern die Füße.

1. Kind: Statt eines Staatsbegräbnisses wurde er wie ein Verbrecher ans Kreuz genagelt.

2. Kind: Jesus soll ein König sein?
Ein Mann ohne Macht, ohne Geld, ohne Reich?

Evangelium

Pilatus ließ Jesus wieder hereinführen. Er sagte zu ihm: „Du bist der König der Juden?"
Jesus antwortete:„Mein Reich ist nicht von dieser Welt. Wenn mein Reich von dieser Welt wäre, dann würden meine Diener für mich kämpfen, und ich stünde jetzt nicht vor dir. Mein Reich ist nicht von hier."
Da fragte Pilatus: „Also bist du doch ein König?"
Jesus antwortete: „Ja, ich bin ein König! Dazu bin ich geboren und in die Welt gekommen, um die Wahrheit zu sagen und dafür einzustehen."

(nach Joh 18, 33. 36—37)

Bildbetrachtung:

Im oberen Teil des Bildes steht ein mächtiger Mann. Er steht hoch über allen Menschen. Groß und breit ist er dargestellt, breitbeinig steht er da. Er macht ein finsteres Gesicht. Sein rotes Gewand mit den schwarzen Streifen läßt ihn gefährlich erscheinen.
Unter ihm steht ein anderer: klein, schmächtig. Er ist ganz gefesselt, kann sich kaum bewegen. Blutflecken, Spuren der Mißhandlung, sind zu erkennen. Er ist hilflos, völlig allein, ausgeliefert: dem Mächtigen über ihm, den Menschen, die wie eine Mauer um ihn herum stehen
So ist das oft in unserem Leben: die Kleinen, die sich nicht wehren können, die keine Macht haben, kein Geld, keine reichen Freunde — sie können kaum atmen, kaum leben.

Aber der Künstler, von dem dieses Bild ist, beschreibt nicht nur unsere Wirklichkeit. Er sagt auch, was er davon hält. Wir können es gut erkennen: Der wichtigste Mann auf dem Bild ist nicht der Große, der Mächtige. Der wichtigste Mann auf dem Bild ist der Kleine, Gefesselte, Hilflose. Die goldgelbe Farbe zeigt es: Gold ist die Farbe der Könige. Der wirklich Große ist der, der gefesselt ist. Der scheinbar Mächtige spielt in Wahrheit keine Rolle.
Der Künstler, von dem dieses Bild ist, sagt nicht nur seine persönliche Meinung, er zeigt im Bild, was das Evangelium sagt, was Jesus selbst sagt: Wer nichts gilt, wer klein und ohnmächtig ist, der ist groß vor Gott. Wer keine Macht hat, wer keine Gewalt anwendet, der ist groß vor Gott. Wer unter der Herrschaft anderer zu leiden hat, der gilt viel vor Gott.
Was wir ganz normal finden, ist nicht das, was Gott will. Was für uns selbstverständlich ist, versteht Gott nicht. Nicht der große, breite, mächtige Mann ist der König bei Gott, sondern der kleine, schmale, niedrige. Und weil es bei Gott so ist, soll es auch bei uns so sein: die Kleinen und Schwachen, die Verachteten und Ausgestoßenen, die Unterdrückten und Gefolterten — sie müssen unsere Freunde sein.

Gebet

Gott, wir danken dir, daß du die Kleinen und Schwachen als deine bevorzugten Freunde annimmst. Hilf uns, das zu verstehen. Laß auch uns wie Jesus leben — als Freunde der Menschen, die wir so leicht verachten. Amen.

Fürbitten

Priester: Gott, in deinem Reich geht es nicht darum, stark und mächtig zu sein, zu herrschen oder zu siegen.
Wir bitten dich:

6. Kind: Gott, dein Reich ist nicht von dieser Welt. In deinem Reich zählt nur die Liebe. Das hat uns Jesus gezeigt. Laß uns seinem Beispiel folgen und gut zueinander sein.

7. Kind: Jesus, du bist kein irdischer König. Du willst der König der Herzen sein. Du liebst jeden Menschen. Gib, daß wir dich lieben und dich immer mehr erkennen in den Menschen, die unsere Hilfe, unsere Liebe und Gemeinschaft brauchen.

8. Kind: Laß dein Reich der Liebe durch uns wachsen. Gib, daß wir andere nicht beherrschen wollen. Schenke uns vielmehr den Mut, nach deinem Beispiel zu dienen und zu helfen.

Priester: Jesus, du bist unser König, an dem wir alles messen können, alles, was wir denken, was wir reden, was wir sehen und was wir tun. Amen.

Gabengebet

Gott, jeder von uns hat seinen Bereich, ein bestimmtes Reich, in dem er herrschen möchte. Jesus aber verkündet das Reich, in dem Gott herrschen möchte: ein Reich des Vertrauens und Verstehens, ein Reich der Freundlichkeit und der Güte, ein Reich des Erbarmens und der Liebe.
Gott, wir bringen dir unsere Gaben Brot und Wein. Sie sind Zeichen für uns selbst. Verwandle uns mit diesen Gaben, damit dein Reich bei uns und durch uns kommen kann. Amen.

Präfation

Gott, wir danken dir immer und überall um Jesu willen,
der unser Bruder geworden ist,
der bei uns bleibt und mit uns lebt als unser König,
der uns begegnet in jedem notleidenden Menschen.
Er ist für uns zum Brot geworden, zum Brot,
von dem wir leben können und das uns Hoffnung schenkt
auf eine neue Zukunft hin.
Um seinetwillen preisen wir dich mit allen Engeln und Heiligen und singen voll Freude:
König ist der Herr ... (GL 275, Str. 2 und 3)

Nach der Kommunion

Liedvers: Wir rühmen dich, König der Herrlichkeit, denn du bist uns nahe zu jeder Zeit (nach GL 483)

9. Kind: Gott, jeder Mensch ist ein König,
nicht so, daß jeder über jeden herrscht,
sondern so, daß jeder jeden froh macht,
zum Menschen macht,
zum König macht.

Liedvers: Wir rühmen dich, König der Herrlichkeit ...

10. Kind: Gott, jeder Mensch ist ein König.
Jeder ist einmalig, unnachahmlich.
Jeder ist dein Bild, dein Gleichnis.
In jedem begegnest du uns.
Dafür danken wir dir. Amen.

Liedvers: Wir rühmen dich, König der Herrlichkeit ...